Theresa Schlup
Was würde o d Lüt säge?

Theresa Schlup
Was würde o d Lüt säge?
Die Geschichte eines Neubeginns
Cosmos Verlag

Märta Tikkanens Gedicht ist aus ihrem Roman
«Die Liebesgeschichte des Jahrhunderts»
rororo neue frau 4701. Reinbek bei Hamburg 1981

2. Auflage 1994
© 1989 by Cosmos Verlag, CH-3074 Muri bei Bern
Alle Rechte vorbehalten
Lektorat: Roland Schärer
Umschlag: Stephan Bundi, Niederwangen/Bern
Satz und Druck: Ott Druck AG, Thun
Einband: J.+ M. Sauerer AG, Köniz
ISBN 3 305 00330 8

Ich habe neben meiner Mutter gesessen
und ihre Hand gehalten
als ihr hellblauer Blick brach

In dieser Stunde gelobte ich ihr
dass ich niemals
sagen würde wie sie:
Ich habe nicht gedurft

Was ich sagen werde
wenn ich es sagen muss, ist:
Ich habe nicht getan

      Märta Tikkanen

Paris

Am Morge früech gseht Paris uus wi ne verrägneti Gartewirtschaft. D Stüeu i de Bistro stöh uf de Tischli obe, d Rouläde sy no dunger u d Vorhängli zuezoge. D Hüser luege eim längwylig aa u hei es Grau, wi we me se mit Schawelwasser gwäsche hätt.

Am sächsi rumple d Ghüderwäge dür d Gasse uus u dr erscht Bus gyxet um d Kurve. Es paar Früehufsteher louffe tifig dr Husmuur noo zur Metro ache, dr Äcke yzoge u d Häng im Sack. Es isch chaut. Dr Himu isch wi Blei u mi het wider einisch ke Ahnig, was ds Wätter hütt wott. Das weis me hie nie un es cha vo eir Stung uf di angeri ändere.

Vom Beck ungcruche schmöckts fein nach Brot u heisse Croissants. Feuläde tüe sech uuf u hie u dert streckt öpper dr Chopf zum Fänschter uus. E Tschogger chychet d Alee uuf em Park zue u vor em «Supermarché» stocheret e Clochard i de Ghüderchüble ume.

Im Nachbarhuus höcklet dr Grossvatter am Fänschter u währweiset äuwä, win er dä grau Tag söu z todschlo. Übernide steit di schöni, blondi Frou i guldige Pantöffeli vor dr Hustüür u wott ihrem Pudeli bybringe, äs söu itz dert a däm Boum hurti sys Bisi mache. Schueuching traabe verby u im Bürohuus äne gits Liecht. Uf dr grosse Avenue unger foot es gäng stercher aafo suure u horne, de weis mes: Paris isch erwachet.

Na de Eufe drückt d Sunne chly düre u dr Märit schynt no farbiger aus süsch. Wi das hie so Bruuch isch, hets i de Ussequartier i jeder grössere Ychoufsstrooss no au Tag Märit. D Gschäfter sy gäge ds Trottoir use offe u d Stäng chöme fasch bis zur Strooss use. Bärge vo Äpeeri, Öpfu, Bire u exotische Frücht sy do kunschtvou ufbige. Jedi Sorte Gmües, ganzi Chüngle u Hüenner, Chörb vou Muschle u grossi, glänzigi Fische, aus schön i Reih u Gliid.

O bim Ychouffe geits gsittet zue: Mi steit gäng schön anes Reieli, niemer drückt, me het Zyt u wartet. Bi jedem Stang schrybt dr Verchöifer das, wo me z zale het, ufenes Zedeli u mit däm geit me de zletscht hinger i Lade zur Kasse. Mitere ungloubleche Gschwindigkeit rächnets de eini vo dene Froue zäme, aus im Chopf u das dr ganz Tag lang!

Dr Metzger schnydt gäng chly meh aab, aus me wöuue het u frogt de schynheilig, öbs nüüt machi. I dr Fromagerie cha me öppe vo hundert Sorte Chääs useläse u dr Greyerzer isch hie biuiger aus i dr Schwyz. Jedesmou, we ds Fröilein e Bitz abghoue het, frogt es früntlech: «Et avec ça?» U mi chunnt meischtens mitere ganze Uswaau Chääs hei.

Öppe au zwo Stung gits früsches Brot. Mängisch stöh d Lüt bis uf ds Trottoir use Schlange, u das o bim gröschte Räge. I dr Vitrine biete si e «Tarte Suisse» aa. Eini, won i z Bärn no nie ha gseh, oder i ha ömu nid gwüsst, dass me emene Aprikosechueche mit Mandle druffe «Schwyzerturte» seit.

Ufem grosse Platz, unger de Böim steit es Rösslischpiu. Dert isch Betriib. Di Chlyne strahle bim Ringsetumfahre u d Müettere luege ihrne Sprösslinge stouz noche u vergässe, dass si sött go z Mittag choche.

Dr ganz Nomittag schüttets wi us Chüble u ersch gäge Oobe tuet sech dr Himu uuf u überchunnt früschgwäschni, blauui Fläcke. D Sunne strahlet plötzlech über d Stadt y, wi we si dr ganz Tag nüüt angersch gmacht hätt. D Hüser schimmere im Gägeliecht zartblau u di vile Chemi mache es luschtigs Zaggelimuschter. A dr Husmuur äne fuettere d Schwaubeli ihrer Chlyne, d Spatze zangge umenes Brotbröösmeli u de Amsle ihres Lied tönt schwyzerdütsch.

Itz isch dr Himu im Weschte orange, d Sunne gluetrot u mit dr letschte Chraft verguldet si d Rive gauche, di äneri Seine-Syte. Hingerem Pont de l'Alma verschwindet si langsam u de meint me, di Brügg stöi äxtra do für e Sunneungergang z ungerstryche.

Uf dr Concorde fuchtlet e Polizischt vergäbe i dr Luft ume u sys Pfyffe ghört niemer. Dr ganz Platz isch hoffnigslos verstopft u jede probiert, so schnäu wi müglech u ohni Püüle mit sym Wage us däm Drück usezcho.

Dür d Champs Elysées geits de chly zügiger. Di ganzi Avenue lüüchtet wine einzige, glaarige Wärbespot. Me isch am Flaniere u vor de Chino stöh ganzi Schaare u warte geduldig, bis d Kasse ufgö. Hingerache, gäge d Porte de Maillot wirds de chly ruehiger u mi fingt sogar e Parkplatz.

Vorem «Relais de Venise» hets wi gäng e längi Schlange u me wartet brav, bis eim d Patronne dütet, es heig itz wider Platz ggä. Si isch gäng superschigg aagleit, treit tüüre Schmuck un es raffiniert Maggiasch u schouklet dä Riisebetriib mit emene gschäftstüechtige Lächle. Johruus, johry gits hie gäng ds Glyche: Salat mit Boumnüss, Entrecôtes anere Pfäffersosse, Pommes frites u huseigene Wy. We me de zum Dessär no Profiteroles abedrückt het, wüu si haut so fein sy, weis me no am angere Tag, dass me geschter guet ggässe het.

D Schiff a dr Seine nide sy gäng no belüüchtet u dr Eiffelturm steit do, wi wen er ds ganze Johr Wienachte hätt. D Notre Dame het äntlech Rueh u strahlet ohni Tourischte viiu vornähmer.

I dr Rivoli gits wider es fürchterlechs Drück: die vo rächts wei gäge linggs u die vo linggs uf di angeri Syte. Es isch wi gäng: di Frächere sy di Gleitigere.

D Opéra het ihrer Tor wyt offe u aus, wo Rang u Name het, ströömt use. Gschnyglet u gschnaglet stället stöh si uf dere breite Stäge, luege nach emene Taxi oder gö z Fuess i eis vo dene tüüre Lokau i dr Madeleine äne go soupiere.

D Liechter vo dr Stadt gä em Himu e wunderschöne, rosarote Schimmer. Hööch obe, wi ufere Wulche, troonet d Sacré Cœur u luegt e chly verächtlech uf d Pigalle ache, wo ds Nachtläbe ersch itz so rächt brodlet. I dr Laumière isches so stiu wi imene Dörfli. Dr Mond glüüsslet hinger de Böim füre u seit, mir söu itz go schlooffe, morn syg o no e Tag.

Win i syg do häre cho? Ganz eifach: i ha mers johrelang gwünscht u mer i aune Farbe usgmale, wis de syg, wen i einisch i der wunderschöne Stadt chönn läbe.

Scho aus nüünzähjährigs Meitli han i vo der Stadt troumet, hätt no so gärn ds Pünteli packt u wär uf Paris go Französisch lehre. Aber myner Eutere hei kategorisch abgwunke u gseit, das syg nüüt für sones jungs Meitschi; u amänd hei si no rächt gha.

Ersch dryssg Johr spöter bin i du mit zwone Fründinne äntlech uf Paris cho. Es isch Liebi gsi ufe erschte Blick, u wo dr Zug im Gare de Lyon ygfahre isch, han i gmeint, i chööm hei!

Di Stadt isch riisegross un i bi nid usem Stuune usecho, wo mer mit em Bus über d Seine gäge Quartier Latin gfahre sy. Aupott sy mer blybe stecke, es isch Mittag gsi u d Stroosse vougschtopft mit Outo. U de das Vöukergmisch! Jedi Hutfarb isch do verträtte gsi u me hätt nid chönne säge, weles itz di richtige Franzose syg. I ha o gäng müesse ufpasse, dass i myner Begleitere nid verlüüre, we mer zäme uf Entdeckigsreise ggange sy.

Zerscht Mou i mym Läbe bin i Metro gfahre. Es isch mer vorcho win es Häxewärch, we mer gäng wider am richtige Ort us der Geischterbahn zum Bode uscho sy.

Myner Fründinne hei z Paris Bekannti u so han i de o Glägeheit übercho, «richtigi» Pariser lehre z kenne. Si hei auzäme künschtlerische Prüeff gha u genau so han i mir d Pariser vorgschteut. Dass es o no Beamti, Gschäftslüt u Dökter müessti gä, han i eifach überseh. Mir sy di Lüt do mit dene intressante Métiers wichtig gsi. Bsungersch eine, wo mer vo Aafang aa mitere wohlerzogene, charmante Art dr Hof het gmacht u mer ersch rächt ds Gfüeu het ggä, ei Egge i mym Härz inne syg französisch.

Zwar han i nid aus verstange, we üser Fründe stungelang imene unwahrschynlech schnäuue Französisch gfachsimplet hei. I ha ufpasst wine Häftlimacher u vernoo, wis bim Fiume, Modemache u Fotografiere zuegöi, u de o begriffe, was fürnes herts Handwärk si hei gha. Di Lüt sy ständig im Trab gsi, gäng unger Zytnot, oder handchehrum hei si wuchelang müesse ufene nöiji Arbeit warte. U sider wüu me gwartet het, het me sech zum Ässe troffe u gfachsimplet.

Üse Bsuech denn vor Johre isch für mi dr Aafang gsi vomene nöije Läbesabschnitt. Vo denn aa bin i au drei, vier Monet einisch uf Paris ggange. Das isch gäng es richtigs Abetüür gsi für mi. Meischtens han i mi ganz churzfrischtig entschlosse u bi eifach losgfahre, wes mi ddünkt het, i mües wider chly Pariserluft schnappe. Mängisch han i bi Fründe gwohnt u mängisch im Hotel.

Düre Tag uus han i z Fuess ganz Paris lehre kenne. Meischtens bin i dr Nase nooglüffe u so a di unmüglechschte Orte cho. Oder de han i mi mit dr Metro irgendwohäre lo füehre u bi de gschpannt gsi, a welem Egge dass i wider usechööm. Gäng isch es chly angersch gsi, jedes Quartier, jedes Arrondissement het sys bsungere Gsicht. Es isch e Ungerschiid, öb me i dr Belleville oder im sächzähte desumeschpazieri. Im einte Quartier sy die, wo gäng zweeni z ässe hei, u im angere die mit zviiu Gäut.

Natürlech bin i o gäng wider ine Usstelig ggange, aber müglechst nid z lang. I dene Musee het me gäng zweeni früschi Luft u weis mängisch nümm, wos usegeit. Im Louvre verlouffen i mi no hütt regumässig u chume drü Mou a de glyche Biuder verby!

Am Oobe han i de myner Fründe zum z Nacht troffe u de müesse verzeuue, was i aus gmacht heig. Es isch mängisch vorcho, dass i öppis entdeckt ha, wo di ygfleischte Pariser gar nid gchennt hei.

Einisch, won i o wider bi uf Paris cho, het mer e Fründ sy Wonig fürne Wuche überlo. Vo denn aa han is gwüsst: e Wonig müesst i ha z Paris, grad genau so eini wi die do. Nid z gross u nid z chly, grad äberächt u derzue imene heimelige Quartier.

Mit däm Gedanke bin i wider heigfahre u gar nid eso erstuunt gsi, wo dä Fründ es paar Monet spöter zue mer seit, är chönnti e Eigetumswonig chouffe, nume wüs er nid, was er de mit sym chlyne, luschtige Wonigli söu mache.

«Waas ächt», han i so schnäu gseit, dass i säuber erchlüpft bi. «Das gisch du mir!»

«Dir, ischs dir ärnscht», het my Fründ umeggä u mi mit grosse Ouge aagluegt.

We mer einisch i mym Läbe öppis ärnscht syg gsi, sygs das, han i gseit. U mir syn is einig worde, dass mer dr Gérard sofort brichti, wenn sy nöiji Wonig fertig syg.

So isch e Wunsch, won i so lang i mer umetreit ha,

plötzlech Tatsach worde, u vo denn aa han i gwüsst, wele Wäg i wöu go, choschts, was es wöu. I ha ds Derfür u ds Derwider o gar nid so fescht gägenang abgwoge. I ha eifach gwüsst, dass i uf Paris wott u derfür mües e Priis zale.

Aus erschts han i mi Steu gchündet. Das Bürööle isch mer sowiso scho lang verleidet un i bi aus angere gsi weder e aagnähmi Mitarbeitere. I ha das greglete Beamteläbe schlächt vertreit u aupott gmöiteret. Oder de bin i chrank worde u ha bhouptet, i überchööm scho Hausweh, wen i dä Betriib nume vo wytems gsei! Wi mängisch han i myne Koleginne gseit, i göi einisch mitere Matratze u zwöine Tassli uf Paris.

U itz isch es scho baau so wyt gsi: i ha langsam aber sicher i Gedanke aafo Abschiid näh u gwüsst, dass i mängs mües zrügglo, wo mer lieb isch gsi.

Dr gross Schritt

I nähm nume ds Nötigschte mit, han i mer ygredt, dr ganz Tag packt u gnuuschet u am Oobe isch mys Outo gschtoossevou gsi! Hinger links han i nidemou meh usegseh, wüu i ds wysse Möbeli ha müesse quersteuue, wo umzverrode het mitmüesse.

I auuer Herrgottsfrüechi bin i losgfahre u mer vo Bärn uf Basu ache gäng ds Sprüchli vorgseit, won i de de Zöuner wöu säge, we si wäge mym Bagaaschi aaföi stüürme.

«Gang doch über Leime», het mer e Fründin groote u mer es Pländli i d Hang ddrückt, wo dä Schlychwäg isch yzeichnet gsi. Dert chööm me ungschore über d Gränze u verlüüri ke Zyt.

Söui ächt oder söui nid, han i gwährweiset, won i gäge Basu ache cho bi. Zletscht bin i doch uf dr Outobahn blibe u mer gseit, das tüeng mym Wägeli besser aus di ghögerige Näbestroosse. Dür Basu düre hätt i mi baau verfahre u chly uf Umwäge bin i du zum Zou cho.

Innerlech han i mys Sprüchli gseit: i wöu uf Paris go Aschtrologie studiere u wohni bimene Fründ. Aber dä Zöuner het sech überhoupt nid für mi intressiert u dütet, i söu wyterfahre. I bi fasch chly enttüüscht gsi. «Gsehsch, mir hätt nid däwä bruuche z angschte», han i zu mym Outo gseit.

Chly usserhaub St. Louis han i plötzlech am lingge Stroosserand bire Abzweigig e Wägwyser gseh, wos «Leimen» druf gheisse het. U wär isch dert gschtange? Drei Polizischte!

Si hei mi näbeusedirigiert u gfrogt, won i mit emene settige Bagaaschi hi wöu. Waas, uf Paris, dihr ganz alleini? Das hei si mer nid wöuue abnäh un i ha hurti d Bestätigung vo dr französische Botschaft fürezoge, wos drinn gheisse het, für my Studieufenthaut dörf i es paar Sache mitnäh, u solang i dert syg, mit myne Schwyzernummero fahre.

Was i do unger däm Dachbett heig, hei si gwungeret, i söu das einisch uflüpfe.

Dert han i myner nöije Klappstüeu versteckt gha u scho gangschtet, für die mües i Zou zale. O dr Ggofereruum han i müesse uftue, si hei sogar i myne Büecher umebletteret.

«Hesch itz gseh, do hätt mer viiu dervo gha, we mer über Leime ggange wär», han i zu mym Outööli gseit, wo mer äntlech wider hei chönne fahre. Sobaau mer z grächtem sy z Frankrych gsi, hets mi ddünkt, mys Wägeli louffi viiu gleitiger, u im Näbeumeluege sy mer uf Belfort cho. D Outobahn isch bis Dijon chly erhöht u me het e wunderschöni Sicht uf di wyte, wyte Fäuder. Hie hets no Platz, es isch nid wi i dr Schwyz, wo eis Dorf nachem angere chunnt u me meint, mi chönn nümm schnuufe.

I eim vo dene Raschtplätz, am Waud anne, han i stiu gha, es Ggaffee trunke u Bänzin tanket. Nächhär isches wyter ggange, es het mer nid schnäu gnue chönne go. Übere Mittag hingäge han i mer Zyt gloo u nachem Piquenique sogar es Nückerli gmacht. Es isch herrlechs Wätter gsi un i hätt dä Himu chönne umarme. Es het mi ddünkt, so frei u so wou heigi mi no nie i mym Läbe gfüeut. Hinger am Waudrand han i ryffi Brombeeri gfunge. Das hätt i mer nid lo troume, dass es uf myr Reis zum Dessär früschi Beeri gäb.

Dert uf däm schöne Plätzli ischs mer o klar worde, warum i uf Paris göi. Nid öppe wäge däm, wo mer gäng so schöni Ouge gmacht het, für dä lohn es sech nid, esone grosse Schritt z mache. Für mi göi i uf Paris, für mi ganz alleini, für äntlech wohr z mache, was i scho lang gärn hätt wöuue.

Frei sy u läbe wis eim dünkt. Keim Chef meh müesse täsele, ker grosse Familie müesse choche u keim Maa es Dotze Hemmli glette. Wenn cha me das de scho besser weder itze, wo d Ching gross sy un i für niemermeh mues sorge. Was söui mi itz scho wider ane Maa hänke, wo nidemou frei isch u nume derglyche tuet, i syg ihm wichtig? «Il vous aime beaucoup, mais il est coincé», het mer einisch e Zigünere us dr Hang gläse. I cha mys nöije Läbe gwüss nid mit emene ygchlemmte Maa aafo, ne-nei, nume das nid!

I ha myner Sache zämepackt u mer ab auuem Fahre gseit, äs syg äuwä besser, i verlöi mi künftig meh uf mi, so sygi weniger bschisse.

Churz vor Paris sy mer du di hööche Tön vergange. Plötzlech, im gröschte Gnuusch inne, uf dr drüschpuurige Outobahn, wo si eim linggs u rächts vorfahre, hets mi ddünkt, mys Wägeli zieng nümm so rächt. I ha chly meh Gas ggä, u wo das nüüt gnützt het, luegen i ufe Bänzinzeiger. I ha myne Ouge nid trouet! Dä isch uf Null gsi, oder no töifer. So töif, win er no nie isch gsi, so lang i das Outo ha gha. Zwüsche Unghüür vo Laschtwäge düre bin i mit knapper Not ufe Pannestreiffe usecho.

«Das cha doch nid sy», han i usgrüeft, «i ha doch no gar nid so lang tanket! Was zum Donner isch de das? Was mues itz dä Chare churz vor Paris dr Geischt ufgä?»

I bi usgschtige u ha mys Outo bös aagluegt. U was han i gseh? Dr Bänzintechu het gfäut. Do hei mersch, das chunnt dervo, we me sech nid fouget. Es het mi nämlech scho geschter ddünkt, dä Techu heig nümm guet. Himuschtärne, do han i itz für Zwänzg!

U de das schöne Wätter! Bim schönschte Wätter u zmitts am Nomittag wär i z Paris aacho! U itz hocken i do im Gjätt usse u weis nid, wis wytergeit.

I ha d Blinker aagschteut u ds Pannedrüegg häreto. Nächhär bin i aafo louffe, Richtig Paris, aber äbe, z Fuess! Gly druuf het es Outo stiu gha u di zwo Froue hei mi mitgno bis zum nöchschte Telefon. Bim Zrügglouffe isch mer d Polizei ire noble Limusine entgägecho.

Öb i die syg, wo ohni Bänzin desumefahri? I söu ystige, öb i Gäut bi mer heig? Itz bringe si mi grad ufe Poschte, han i ddänkt. Do han i itz gha für mys grossartige Palaver über d Freiheit z Paris. No nidemou dert u scho mit eim Bei i dr Chischte!

Aber di Zwee do sy nätter gsi aus ihre Ruef. Si hei mi zure Tanksteu gfüehrt u dert han i es Bidon gchouft un e nöije Techu. Nächhär hei si mi wider zrüggschoffiert u o no grad ds Bänzin ygfüuut, wüu is i myr Ufregig nid säuber ha chönne. Das wird mer e Buess gä, han i ddänkt u schüüch gfrogt, was es choschti. Für hütt itz einisch nüüt, i söu gschyder dr Schlüssu trääje, si syg de nämlech nid so sicher, dass däm Outo nume Bänzin fähli.

Gottlob, mys Wägeli isch sofort aagschprunge un i ha e töiffe Schnuuf to. Di nätte Polizischte hei mer o no ghulfe yschpuure u äntlech hets chönne wytergo. I dr Villejuif bin i gleitig go tanke u ha nachem Wäg zum Périphérique, dr Umfahrigsstrooss vo Paris, gfrogt. Graduus, bi dr Ample linggs u nächhär rächts, het me mer gseit. I bi scho ufe Périphérique cho, aber uf di fautschi Syte! So gly, dass i ha chönne, bin i wider draab, ha no einisch gfrogt u dä Maa het mer genau ds glyche gseit wi dä vorhär: Graduus, bi dr Ample linggs u nächhär rächts. Ne-nei, das Theater machen i nid no einisch mit, han i beschlosse. Wen i dä cheibe Périphérique nid fingi, göi i eifach mitts dür d Stadt.

I bi losgfahre, gäng schön de angere noche u müglechscht i Richtig «Bastille». Nume het me aupott müesse stiuha; z Paris hets gwüss no meh Ample weder z Chüniz! I ha müesse ufpasse wine Häftlimacher: ufe Wägwyser luege, zrächte Zyt brämse, u wes grüen worde isch, sofort wider aafahre, süsch hei si hinger mir aafo horne. Une petite Suissesse mit emene settige Gschtelaasch i däm chlyne Charrli isch es gfungnigs Frässe gsi für di arrogante Pariser Outomobilischte.

I ha mi nid lo drusbringe u gäng nach dr «Bastille» gschilet. Aber das Trück uf däm Platz, es isch grouehaft gsi! Es het mi ddünkt, i fahri unger Läbesgfahr dür das Gnuusch düre zum Canal St. Martin übere.

Dert hets mer du aafo heimele u süüferli bin i gäge ds Nüünzähte gfahre, oder besser gseit, grütscht. Em Oobe am haubisächsi mues me z Paris nid wöuue zügle, do han i mer e schlächti Zyt usegläse. D Kupplig het afe ggyxet u dr lingg Fuess het mer vom viile Schaute wehto. Es isch zum Ersticke heiss gsi u d Chleider sy mer aagchläbt.

So bin i äntlech gäge di Sächse i dr Avenue Jean-Jaurès glandet u hätt vor lutter Herjesses no baau vergässe i d Laumière yzschwänke. Dr Gérard, my tröi Fründ u Chummerzhiuf, het mer ghulfe di schwerschte Sache uchetrage. Das isch itz no dr Dessär gsi vo myr länge Reis. Mit jedem Chörbli, mit jeder Chischte hundertzwänzg Stägetritte uche u das bi fasch dryssg Grad am Schatte! Wi mängisch bin i ächt uf dr Stäge blybe hocke, ha dr Schweiss abputzt u mer gseit, i wär o gschyder mym Vorsatz tröi blibe u nume mit ere Matratze u zwöine Tassli uf Paris cho.

Ds eifache Läbe

Är heig ddänkt, är überlöi mer di Wonig «vivable», het my Fründ erklärt, won i mys künftige Hei e chly stober aagluegt ha. Di zwöi Stubeli hei usgseh, wi we me no gar nüüt usegruumt hätt!

Derby het dr Gérard bhouptet, si heig e ganze Tag z dreiehööch züglet. Eigetlech het ers guet gmeint u mer sogar es Bett hingerlo un es Rechaud. Aber süsch?

Heiterefahne, het das no Chischte u Schäft vou Züüg gha! Eh, das nähm er de nodisno zuesech übere, derfür heig er mer dr Stoubsuger dogloo. Rächt het er gha. Dr Stoubsuger, dä han i chönne bruuche, stungelang, tagelang. Niene han i öppis chönne ablege, ohni dass es e grossi Stoubwulche het ggä.

U einisch meh isch mer dr Gedanke vo dr Matratze u de zwöine 'lässli düre Chopf. Das wär doch viiu eifacher. Was me doch im Läbe fürne Ballascht mit sech schleipft!

I ha tagelang sozsäge ufem Bett gläbt, näbedrann e Chischte mit em Nötigschte drinn. Wen i nid putzt u gnuuschet ha, han i mi i dä Egge verzoge u mer Zyt gno zum Nochedänke u zum Löie.

Jedesmou, wen i zum Gérard übere bi, han i wider öppis ungere Arm gchlemmt un ihms i dr nöije Wonig i Gang gschteut. Er het de aube abgwehrt u gjammeret, är wüs nümm, won er mit däm Züüg hi söu. Di

Wonig a dr Laumière syg scho syt euf Johr i ihrer Familie u gäng syg wider öppis derzuecho.

Das merk me, han i gföpplet, aber i wär de glych froh, wen er einisch dä mörderlig Spiegu, wo schynts so koschtbar syg, chääm cho reiche, u was i mit däm Pooggeree vom Grossvatter söu mache, dä lueg gäng so abschetzig uf mi abe, wen i am Husaschte syg.

Nach paarne Tage bin i mit myr Putzerei äntlech bis i ds Badzimmer cho. O dert han i zersch müesse useruume. Unger angerem öppe dryssg Paar Schue.

So, itz längts mer, han i gseit, bi es dotzemou d Stäge uuf u aab gglüffe, ha dä Plunder im Entrée deponiert, mys Outo greicht u em Gérard es Bsüechli gmacht. Dä het glachet u gseit, är syg de scho no froh, heig er äntlech fertig züglet.

Wo mer das Züüg im Chäuuer hei verstouet gha, sy mer räätig worde, ds Gschydschte syg, mir göi go Blueme chouffe. Är für sys Gärtli un ig für di zwöi Baukööndli.

Stouz bin i mit myne Buschufriesli, Lavändustöck u Nägeli heicho u se grad wöuue setze. Aber o do han i zersch müesse ufruume u jätte, äs het nümm wöuue höre.

Was doch sones winzigs Gärtli usmacht! Itz han i jede Morge zersch afe müesse go luege, wis myne Blueme göi, ha müesse bschütte u häckerle u öppis Läbigs um mi gha. Wen i d Nase chly wyter usegschtreckt ha, han i o grad gschmöckt, öb dr Beck scho früsches Brot heig.

Bim z Morge han i wider myner vier Wäng aagluegt u ddänkt, wen i my Mueter wär, würdi itz do afe einisch ghörig usewäsche. Oder no gschyder: öppe zwee Chessle Farb chouffe u aus nöi stryche. Wenigschtens dr Bode mües wider schön usgseh, dä syg scho früecher einisch wyss gsi.

Nume hets müesse überleit sy, win i das wöu mache; di Farb het acht Stung bbruucht für z trochne. Entweder han i amene Morge zhingerscht i dr Schloofstube müesse aafo, nächhär d Stube stryche u zletscht ds Gängli, de d Tüüre zueschloo u acht Stung uf d Schwanzi. Oder i zwone Etappe: zersch am Morge früech d Schloofstube stryche u am Oobe dr Räschte. So han is du o gmacht u nam z Nacht ds Telefon, ds Tischli, d Schrybmaschine, e Hafe Tee, e Fläsche Verdünner un es Becki für d Pinsle z wäsche i d Schloofstube gschteut u nächhär vor bim Gängli aafo stryche, schön exakt, bis zur Schloofstube füre, de zue mit dr Tüür u ds Fänschter uuf.

So, itz han i mindeschtens acht Stung müesse do inne blybe. I chönnt nid bhoupte, i heig i der Nacht guet gschlooffe. Es het schuderhaft nach Farb gschmöckt u vor auuem hätti nid no vorem i ds Bett go söuue Tee trinke, dä het mi aafo plooge.

Na de Sächse, han i mer usgrächnet, dörf is sauft waage un i ha süüferli mit em Zeijespitz probiert, öbs troche syg. I bi aagchläbt u hurti han i dr Fuess wider zrüggzoge, wäge däm tuusigs Tee wärdi chuum wöuue mys Wärch vertüüfle!

Ufem Baukööndli usse isch ds Becki gsi mit em Verdünner; zur Not göi o das, han i mer gseit, u Not han i gha.

Dä wyss Bode het dene zwänzg Quadratmeter Wyti ggä un es isch mer diräkt läär vorcho. Im Chäuuer heigs no auti Stüeu, het mer dr Gérard gseit, un i ha eine greicht un e o wyss aagschtriche. Dr Räschte Farb han i de no a de roschtige Feuläde verchaaret.

Di Läde hei mers aato. Si sy nid wi bi üüs deheime. Si sy us Metau u me cha se uuf- u zuetue win e Handorgele. U itz, wo si schön wyss sy, mahne si mi a Süde. I däm fyschtere, uheimelige Chäuuer unger han i de o no e gueti Matratze gfunge. Di het mer grad no gfäut. I ha se putzt, glüftet u gsunnet, nächhär i dr Mitti zämegleit, es Stretschlyntuech drüber zoge, di luschtigi Steppdechi druuf u fertig isch mys italiänische Sofa gsi. Dass me nid z töif unger hocki, han i uf dr Sperrguetabfuehr Sagexbitze zämegläse u die drunger to.

Äntlech han i myner Chischte chönne uspacke. D Wonig het mir aafo glyche u nach «Frou» gschmöckt. Vo aune, wo mer sy lieb gsi, han i öppis mitgnoo gha u di Sache i mym nöije Hei schön verteilt. Aber dermit sy o auti Erinnerige uftoucht u d Längizyti het sech aafo breit mache. I de letschte vierzäh Tag han i chuum Zyt gha, a Hei z dänke. Aber itz uf ds Mou, won i mi hie so rächt ha aafo yrichte, hätt i viiu drum ggä, wen i mit eim vo myne Ching chönnt brichte, ere Fründin aalütte oder im Husgang mit ere Nachbere spröochle.

«Das isch itz äbe dys eifache Läbe», han i mer gseit.

Das, won i mer scho so lang gwünscht heig. Es sy mer o Zwyfu cho, öb is de hie überhoupt so aleini ushauti u wi lang i mit däm Bitzeli Gäut chönn läbe, won i uf dr Syte ha gha. Spare isch mer nüüt Nöis gsi un i ha gäng eifach gläbt: vo Gmües u Chääs u Frücht. Statt au Tag Fleisch han i aubeneinisch es Blüemli gchouft. Di paar Chischtli Härd do vor de Fänschter sy mer unerhört wichtig. Was miech i o ohni mys Gärtli? Es isch es bsungersch Gfüeu, zmitts ire Grossstadt, im sächste Stock obe, es eigets Gärtli z ha. Wenn d Sunne schynt, chöme d Beieli bis do ufe u mängisch sogar e Schmätterling.

Einisch amene Vormittag chunnt dr Gérard u seit, i mües ihm e Dienscht erwyse u dr Jean-Luc zum Dokter füehre, är heig mit em beschte Wiuue ke Zyt.

«Wi steusch du dir das vor», han i ufbegährt. I wärd itz bim gröschte Verchehr chönne mitts i d Stadt fahre, wo mer dr Gérard schön langsam u dütlech erklärt het, won i düremües. U überhoupt kenn i dä Jean-Luc chuum.

«De lehrsch ne äbe de kenne», seit er inere Art, won i nid weis, öbs ihm ärnscht syg oder ob er e Witz machi.

«Das chasch dr usem Chopf schlo, i go nid mit em Jean-Luc zum Dokter u de no mit emene Gipsbei, das isch mer viiu z riskant!»

Aber dr Gérard het nid lugg glo: «Itz steu dr einisch vor, dy Schatz lütti aa, du söusch ne mitts i dr Stadt am eufi cho abhole, was miechsch de?»

«I würd natürlech au Hebu i Bewegig setze u mache, dass i z rächte Zyt dert wär», han i chly z gleitig umeggä.

«Äbe gsehsch», het dr Gerard gseit, sech umträäit u isch ggange.

Was han i angersch wöuue, weder dr Stadtplan fürenäh u mer di Stroosse schön dr Reie noo ufschrybe? Dä tonners Gérard, was het ächt dä wider im Güegi? Wiso de grad iig, es hätt dänk no anger Lüt, wo chöi outofahre, u we dä Jean-Luc nid bi dr Opéra zwägstöi, wi dr Gérard bhouptet het, chehr i grad wider um.

Aber dr Jean-Luc het uf mi gwartet, isch mit sym Gipsbei umständlech ygschtige u het gseit, das syg de scho no nätt, wen i ihn zum Dokter füehri.

Ob es nätt isch gsi, weis i nümm so rächt, uf au Fäu isch es lang ggange! I gloube, dr Jean-Luc het Norde mit Süde verwächslet u so sy mer di lengschti Zyt uf dr fautsche Spur vo dr Outobahn gfahre. Wiso zum Gugger är de so wyt zum Dokter mües, han i mi eryferet. Das syg drum e Bekannte vo ihm, e guete Chirurg. Do i dr Stadt heig sin ihm dä Fuess e chly verpfuscht.

Mit zwone Stung Verspäätig sy mer du äntlech i di Klinik cho. Dert het me em Jean-Luc sy Fuess wider i d Gredi bbrooch u nach paarne Wuche het er ohni Stöck chönne louffe. Das mües gfyret sy, het dr Jean-Luc gseit, u mi zum z Nacht yglade.

Vo denn aa isch mys eifache Läbe zwöifach worde u dr Gérard het sech chönne ybiude, do syg är dran tschuld.

La Place des Vosges

Das isch eine vo myne liebschte Plätz. Vier Reie Bachsteihüser mache es schöns Vieregg u hei dr Läärme uuf u dä suur Luft, wo ds Paris so viiu wääit. Das het sech äuwä o dr Henri dr Viert gseit, won er vor fasch vierhundert Johr di Hüser het lo boue. Wi sys Wärk isch usecho, het er du nümm erläbt, är isch vorhär ermordet worde.

Derfür het du dr Ludwig dr Dryzäht tou gfyret. Vier Tag lang heig me gfeschtet u dä Platz ygweiht u derzue no grad sy Verlobig mit dr Anna vo Öschtrych bekannt ggä. Vo denn aa heig me au Früelig Pfärderenne u Wettkämpf veranstautet un es isch äuwä wiuder zueggange weder hütt.

Itz isch dä Platz meh e Garte, u dert wo früecher em Chünig syner Ross desumetraabet sy, spile itz e Huufe Ching. Denn het er o no Place royale gheisse. Spöter heig me ne du umtouft u de Bewohner vo de Vogese wöuue Ehr aatue, wüu die d Stüüre gäng so pünktlech zaut heig. Vilech ischs hütt no so?

La Place des Vosges isch e chly versteckt u wäge däm hets äuwä o nie viiu Tourischte. Am beschte chunnt me vo dr Rue Saint-Antoine häär dür d Rue Biraque ungerem Torboge düre diräkt ufe Platz. Di rosarote Hüser sy zum Teil afe chly verwätteret, aber si würke no hütt vornähm u apart.

Wi scho früecher wohne hie di Privilegierte: Politiker, Fiumschtare u Lüt usem Schoubisnes. Mir heis di schöne Hüser aato, wi si um dä Platz umestöh u enang früntlech aaluege. Jedes glych wi ds angere: zwöistöckig mit je vier hööche Fänschter, es Schiferdach mit Luggärne. U de ungerdüre e Loube, grad wi z Bärn! Vilech chumen i wäge däm so gärn do häre?

I di noble Boutique hingäge wagt me sech chuum. Scho früecher syg das Läde gsi für koschtbari Sache. Hie heig me tüüri Syde gchouft, Bängeli, Chnöpf u Firlifanz für uf d Hüet. O di Bistro, wos hie het, hei es gwüsses Renommee u choschte o entschprächend.

Vor hundertfüfzg Johr het hie o eine vo de gröschte Dichter vo Frankrych gläbt, dr Victor Hugo. Er heig o ne Boum i dä Garte gsetzt, e Fridensboum. Vilech steit er no?

Einisch bin i du i das Victor-Hugo-Museum yne u uf aus Mügleche gfasst gsi. I ha gmeint, dert inn sygs de chly uheimelig oder mi gseij wenigschtens es paar Biuder vo fyschtere Gschtaute. Aber nüüt isch gsi, ke Spur vo de «Misérables»! Es ganz es gwöhnlechs Stadthuus mit täferete Stubene u Zeichnige u Fotoone a de Wäng.

Derfür het me vo dert e schöni Sicht ufe Park abe. Vorem Brunne het grad e Hochzytsgseuschaft probiert, e Foto z mache u auui uf ei Heuge z bringe. D Brutt, dr Brüttigam, d Müettere i ihrne schöne Röck u d Vätter, wo scho lang hätt wöuue go ne Apéro ha, di chlyne Meiteli i de Bidermeierröckli, de Verwandti u

Fründe u zvorderscht di obligate Bluemeströüss i Cellophan ypackt. I ha no nie usegfunge, warum me z Paris, wos doch so viiu Schöns git, so gruusigi Puggee macht. Si gseh gäng uus wi Bäse, wo me di unmüglechschte Blueme zämebbunge het. Mitts im Summer Chrysantheme, Lilie, Rose, Margritte, Gerberas, Schleierchrutt u aus Tüpfli ufem i no drei, vier Stängle vo dene gruusige Gladiole. I cha mer eifach nid vorsteuue, dass das öpperem gfaut! U doch mues es, süsch würd doch di Puggee nid gchouft.

Ds Gsamtbiud vo der Hochzyt isch gäng no nid z stang cho. Jedesmou, we dr Fotograf het wöuue abdrücke, het dr Luft dryploose u mit em Schleier vo dr Brutt di ganzi Gseuschaft vertschuppet. De hets es grosses Glächter ggä u si hei sech wider vo nöijem aafo büschele.

Won i wider bi voruse cho, hets im angere Egge vo däm Platz e Kuppele Lüt gha. Es Dürenang vo Outo, Kamera, Mikrophon, mi hets scho vo wytems gseh, dert isch gfiumet worde. Si machi «un long métrage sans violence» het mer es Fröilein Uskunft ggä, u we me schön ines Eggeli stöi, dörf me zueluege.

Vor lutter Lüt han i zersch gar nid gseh, was die do eigetlech mache. I ha nüüt gseh aus es Outo, wo gäng es paar Meter gfahre isch, de e Maa, wo dürnes Megaphon dürebbrüelet het, är söu wider zrügg, das syg nüüt gsi. De isch das Outo wider süüferli hingertsi u nächhär wider langsam gäge d Kamera cho. Bim zähte Mou hets du am Regisseur äntlech passt u itz hei si di glychi Szene mitemene Polizischt güebt. Das syg de nid öppe nume e Flic, das syg e berüehmte Schouspiler, seit öpper näbe mir.

Mitere Ängusgeduld het itz dä Polizischt gäng wider ds glyche gmacht. Drü Sätzli gseit, derby d Häng verrüehrt u de ufe Outofahrer zuecho. Wen er fasch bim Wage isch gsi, het dä Gas ggä u isch Richtung Kamera dervogfahre.

Di Zwee hei di Szene chönne uffüehre, wi si hei wöuue, es het em Regisseur nie passt. U ohni mit de Wimpere z zucke, isch dä Polizischt gäng wider i sy Usgangsposition zrügg, het sys Sprüchli ufgseit, chly i dr Luft umegfuchtlet u de uf ds Outo zuecho. Dr Outofahrer het mängisch nid im rächte Momänt chönne starte u de isch di Üebig sowiso für d Chatz gsi.

Du liebi Zyt, di Geduld, wo das bruucht! Mi isch nume bim Zueluege scho fasch verzablet.

Chly wyter äne isch voremene Wohnwage es Fröilein gschtange u het gäng Richtig Szene gluegt. Das syg d Houptdarstellere, chüschelet e Frou näbe mir.

Aha, itz wirds de intressant, han i ddänkt, itz louft de öppis. E Maa isch uf se zuecho, het se vo unger bis obe gmuschteret u ufe Schüpp dütet. Das Fröilein isch im Wohnwage verschwunde u gly druuf mitere angere Aalegi usecho. Statt es wyts het es itz es ängs Schüpp annegha. Derzue e blaue Tyschört mit ganz schmale Trägerli, wo aupott achegrütscht sy. Mi nähm wunger, wi de die mit der Aalegi wöu fiume, we si gäng mit eir Hang mues d Träger ha.

Zwo Froue, wahrschynlech d Garderobiere u d Coiffeuse, sy umse umetänzelet, hei se gäng früsch wider gschträäut u d Locke zwägzupft, de wider am Schüpp zoge unere d Nase puderet.

Wyter vore isch me gäng no mit em Outo es paar Schritt gfahre u dr Polizischt het flyssig sys Sprüchli gseit u i dr Luft umegfuchtlet. D Houptdarstellere isch närvös uuf u aabglüffe u het nid möge gwarte, bis si äntlech drachööm.

Aber si het vergäbe gwartet u mir o. Sider isch nämlech d Sunne hinger dene schöne Bachsteihüser verschwunde u d Belüüchtig isch nümm guet gnue gsi. So het me di Fiumerei uf morn vertaget un i ha vergäbe zwo Stung lang ufene richtigi Fiumszene gwartet.

Fiumschtar sy syg e schwirige Pruef, han i mer gseit, won i gäge d Bastille füre gschläärpelet bi. Mitemene Outo chly hin u härfahre. Für das bruuchts öppe dryssg Lüt u Zyt zum Versouue. «Un long métrage sans violence», das isch es itz äbe gsi: nid gfährlech aber derfür läng. Ohni, dass i wöuue ha, han i dr Chopf gschüttlet. Näbe mir het e Maa aafo lache u gseit: «Gäuit, das het nech nid gfauue vori, Fiume isch haut e bsungeri Kunscht.»

Was hätt ächt dr Ludwig oder dr Victor Hugo zumene settige Theater gseit, han i mi gfrogt. Mängisch dünkts mi, me heig hütt für gwüssi Sache chly ds Maass verlore; wi we itz das drufaab chääm, öb das Outo chly gleitiger bi dr Kamera syg oder nid.

I ha dr Chopf no einisch gschüttlet.

Ds rosarote Truckli

Eismou, won i uf Bärn bi cho u mit myne Fründinne bi go z Mittag ässe, isch es chlyses, viereggigs Päckli näbe mym Täuuer gläge.

Das syg zum Troscht, wüu i gäng so Längizyti mües ha, wen i bim Spaziere au di härzige Meiteli gseij. I ha drum einisch verzeut, äs syg mer z Paris mängisch zwider, i Park übere z go, dert heigs gäng so viiu chlyni Ching. Di mahni mi de aube so fescht a myner Grossching, dass i am liebschte i nöchscht Zug würd hocke u heichääm.

I ha das Päckli uspackt u was isch fürecho? Es rosarots, höuzigs Truckli mit emene Messingschlöösli u mit grosse Buechstabe «Bilboquet» drufgschribe.

«Was cheibs söu itz das sy», han i gseit u derzue am Schloss gnyflet. Plötzlech springt dr Techu uuf un es chlyses Bäbeli gumppet mer fasch a Chopf. Mir hei glachet u das Froueli bewunderet.

Es het es wysses Röckli anne mit emene fyne Blüemlimuschter. Syner Öpfubäckli sy chly z rot u di schwarze Chnopföigli chly z nooch zäme. D Wulechruseli uf sym chugurunde Houzgringli sy mit emene winzige rosarote Lätschli zämebbunge.

«Eh, wär het o söfu Geduld u cha es settigs Lätschli mache, das wird mer es Gchnüübu sy», sägen i, u äntlech chunnts mer z Sinn, dass i äuwä für das Gschänkli sött danke. I wöus de e de Grossching zeige, das gäb de öppis z lache.

Won i das Bäbeli wider ha wöuue i ds Truckli zwänge, het gäng öppis gchlemmt, i has nid fertig bbroocht, dr Techu zueztue. Einisch sys d Ärmli gsi u ds angermou het dr Chopf nid dryache wöuue.

«Lue, so muesch du das mache», het mi my Fründin belehrt. «Mit em Zeigfinger dr Chopf so töif wi müglech abedrücke u nächhär gschwing dr Techu zue», u furt isch das Bäbeli gsi.

«Nani, sy do Täfeli drinne», hei myner Grossching gfrogt, wo si das rosarote Truckli deheime ufem Tisch hei gseh.

«Müesst haut uftue», han i gseit.

Di Zwöi hei grossi Ouge gmacht, won es Bäbeli usegschprunge isch. Aber, dass mes nid het chönne usenäh u dermit spile, hei si nid begriffe.

I ha du das gschpässige Gschänkli mit uf Paris gnoh, uf ds Büechergschteu too u dert e chly vergässe. Eines Tags isch mer das Truckli wider i d Häng cho. I ha am Schlöösli drückt u ds Bäbeli isch mer fasch a Chopf ggumpet. Es het d Hängli i d Hööchi gschtreckt u mi chly dumm aagluegt.

«Bilboquet» heissi Stehaufmännchen, han i im Dictionnär nochegläse. Stehaufmännchen, das Bäbeli do isch doch kes Stehaufmännchen. Mit syne ufgschtreckte Häng wotts ender säge, mi söu ihm z Hiuf cho, äs wöu nümm i däm fyschtere Loch nide hocke.

I probiere das «Stehauffrauchen» wider i ds Truckli z

zwänge, aber d Frisur isch im Wäg u de wider d Häng. Äntlech han is fertig bbroocht, lo aber dr Techu grad wider lo ufschnappe.

Das Bäbeli git mer z dänke. Was het itz das mit myne Grossching z tüe? Wi chunnt my Fründin derzue, mir e settige Gääg z chouffe? Wär isch de do imene Truckli ygschperrt? Doch nid myner Grossching! Emänt ig, oder my Fründin?

Sicher isch si denn d Stadt abglüffe u het mer eifach öppis Luschtigs wöuue chouffe u pär Zuefau das Truckli gfunge.

«Das isches», het si dänkt, «das git es luschtigs Gschänkli, do het si de sicher Fröid!»

Fröid isch nid ds rächte Wort, das Bäbeli macht mir nid Fröid, es macht mer ender Angscht u git mer z dänke. Sy mer de nid auui irgendwie imene rosarote Truckli inne? Drückt men is de nid aupott dr Chopf ache u wott is yschpere? Mi chönnt natürlech o säge, so imene solide Truckli inne syg me de ömu o sicher, chönn eifach dr Chopf yzieh, dr Techu lo abeschnappe u de heig me Rueh, mües nütmeh gseh u nütmeh ghööre.

Ne-nei, das Bäbeli mahnet mi nid a myner Grossching, di chöme mer nid vor, wi we si sech gäng müesst ducke! Di lö sech nid so liecht ines Mödeli zwänge u scho gar nid ines Truckli spere. Das isch früecher gsi, hütt wärde d Ching angersch erzoge u ihrer Eutere chöme ne nid vor wi Übermönsche. Drum geit se das Stehauffrauchen o nüüt aa, si hätt lieber Täfeli gha oder wenigschtens es Bäbi, wo me de o dermit cha spile.

I mues gäng wider das Froueli aaluege. Gnöggelet u töggelet steit es do u streckt d Häng i d Hööchi. Was wott es mer o säge?

Si mir die, mir Froue, wo me ines rosarots Truckli sperrt u nume fürenimmt, wes de Manne passt? Stöh mir so gnöggelet u töggelet do u chöi nüüt, aus hiuflos d Häng i d Hööchi z strecke? Wärs ächt nid Zyt, dass mer äntlech us däm Truckli usechääm?

La vie bohème

Genau so romantisch heig si sech my Wonig vorgschteut, säge mer aube die, wo zue mer z Visite chöme. Zwöi chlyni Stubeli im sächste Stock obe ungerem Dach. E Tisch, drei Stüeu, e Matratze am Bode, es paar Büecher, e urauti Schrybmaschine, e Huufe Idee u weeni Gäut. Momou, das git ganz genau ds Imitsch vonere richtige «Bohème». So läbe si doch, di brotlose Künschtler, das isch doch genau das, wo me vo der Sorte Lüt dänkt! U di meischte meine, das mües eso sy. Fürnes Biud z male oder es Buech z schrybe mües me i müglechscht eifache Verhäutnis läbe, süsch gäbs sowiso nüüt Rächts. E Bitz wyt stimmt es o. I füele mi do obe gäng wi ufere Insu, wo nume die chöi häre cho, won i gärn ha. Ds Unerfröileche chan i mit Dischtanz aaluege, es drückt mi hie obe weniger u schynt mer haub so schwär.

Grad verlouffe cha me sech nid i myr Wonig. Drei Schritt füre u drei Schritt zrügg, das isch aus. We me chly Uslouf bruucht, cha me jo ufe Baukoon stoh. Das isch es winzig chlyses Dachgärtli, Platz fürnes paar Meiehäfe u no nes Eggeli für sech dr Rügge z sunne. Oder äbe, we me chly früschi Luft wett schnappe: de steit me zwüsche zwe Rosestöck yche, hett sech am Gländer u luegt uf ds Bletterdach vo dr Laumière ache. Üsi Avenue het nämlech ihre Name verdienet: e prächtigi Strooss, beidsytig breiti Trottoir un e Zylete Böim, mit Bletter so gross wi Elefanteohre. Ändi Mei blüeje di Böim aube u mir chöi wuchelang ufenes violetts Blüetemeer acheluege.

Ds Chucheli schynt grösser aus es isch. Es het äbe es richtigs Fänschter, dervor steit es Chrüttergärtli u das git ihm e chly Wyti. Do wachst Thymian, Salbei, Melisse u Schnittlouch, aber nid öppe us dr Provence. Nenei, das Gärtli han i färn us dr Schwyz dohärezaaget. I mues doch no chly Härd ha vo deheime! Letschte Summer sy sogar drü Ähri gwachse un e dicki, gäubi Söiblueme. Das isch mer vorcho win es Wunder.

Ds Lengschte i myr Wonig isch d Telefonschnuer, si isch euf Meter läng u geit vom Bett bis zhingerscht i ds Badzimmer, e Luxus, won i nidemou weis z schetze. Hingäge bin i jedesmou erstuunt, wi gleitig dass es änedra schäuelet u wi nooch es tönt, wen ig i d Schwyz telefoniere.

D Stubefänschter chöme fasch bis a Bode ache, lö viiu Liecht yche u im Summer, we si wyt offe stöh, het me ds Gfüeu, mi hocki verusse u chönn dr Himu aarüehre. Im Juli tuet me de d Fänschter gschyder zue, es brännet unerchannt häre u we ds Zimmerthermometer gägе dryssg Grad geit, fon i aafo chosle. Zum Badzimmerfänschter uus reisen d Bruuse gägе di füürigheissi Blächverschalig vor de Fänschter u dermit gits o no es luschtigs Bechli düre Dachchänu uus. Di zwöi Gärtli setzen i aube scho am Morge unger Wasser u vor d Fänschter chöme flotschnassi Lyntüecher. Au haub

Stung sy si troche un i mues wider wässerle. Das machen i gärn u wüu i bi der Hitz sowieso nume d Badhose anneha, chunnts mer vor, wi we mer i de Troope wär. Am Oobe am Zähni geit de d Sunne äntlech ache u nächhär wird ghörig Düürzug gmacht, süsch cha ke Mönsch schlooffe.

Ganz angersch ischs im Winter. D Lüftig isch denn gratis, es zieht zu auune Löcher y! O we me e dicke Vorhang vor d Wonigstüüre hänkt u d Speut bi de Fänschter verschoppet, warm wirds nume i eim Egge vo dr Stube, nooch bim Öfeli. Zum Choche leit me zwe Pullover aa u bade tuet me gschyder nume, we d Bise nid z fescht geit. Das isch aube es bsungersch Gfüeu, di styffe, erchautete Glider i däm warme Bad chönne z strecke u derzue dr eiget Huuch i dr chaute Luft z gseh!

U dass es e Luxus isch, so schön warms Wasser z ha, merkt me ersch, we me kes meh het. Do hets doch einisch amene Samschtig vormittag glüttet. E Maa i Überhose steit vor dr Tüür u seit, är mües d Heizig vom Böiler cho ruesse, das syg dringend, dr Syndic heigs gseit. Was het itz dr Syndic mit üsem Boiler z tüe, han i ddänkt u zur Sicherheit no hurti dr Concièrge aaglütte. Momou, das syg scho so, het si mer Uskunft ggä, dert mües me au Johr einisch ruesse. Itz isch dä Handwärker ersch rächt i sym Elemänt gsi un är het mer versproche, är wöu de d Häne i dr Chuchi, wo gäng so tropfet hei, o no hurti nocheluege. Do hingäge wär i froh gsi un i ha mer o nid viiu Gedanke gmacht, wo dä

Mändu gseit het, i chönn di Arbeit pauschal zale, es machi 350 Francs.

Er isch sy Copain go reiche u mit emene aute Stoubsuger hei si chly am Böiler umehantiert. Nächhär sy d Häne i dr Chuchi churz u fachmännisch aagluegt worde, me het chly drannumedrääit u scho isch dr Schade behobe gsi! Hei si gseit u mer hurti e Chribu ufene Zedu gmacht, di 350 Francs ygsacket u was gisch, was hesch, zur Tüüre uus.

Äntlige isch mer ds Zwänzgi achegheit, un i ha di Quittig chly nööcher aagluegt. A.J., Service rapide, isch do häregschtämplet gsi, vo Adrässe ke Spur. Die verflixte Gouner, han i ufbegährt, 350 Francs für zäh Minute Arbeit, das isch jo ne Schang! Un i lo mi däwä lo verwütsche. Aber wenigschtens d Häne hei si mer gflickt, han i mi wöuue tröschte. Gflickt? Zuegschrubt hei si se gha, dass me se mit dr Bysszange het müesse uftue u itz hets ersch zgrächtem aafo rünne. Dr Heisswasserhane isch eso kaputt gsi, dass mer dr Böiler hei müesse absteuue. Jedes Tröpfli Wasser han i ufem Rechaud müesse heiss mache u das wuchelang.

Wuchelang hei mer müesse desumetelefoniere, bis mer äntlech eine gfunge hei, wo dä Schade wider het chönne behebe. Gueti Handwärker sy hie z Paris rar u mi mues au Hebu i Bewegig setze, für eine z finge. Het me de äntlech heisses Wasser, isch zwo Wuche spöter ds Lavabo hoffnigslos verstopft oder de geit d Spüelig nümme. Öppis isch gäng kabutt. U jedesmou ischs ds glyche Theater: mi mues somene Handwärker dr

Gottswiuue aaha, bis er chunnt u isch ersch no nid sicher, öb me nid wider somene Bschysshung i d Finger grooti.

I settige Momänte pfyffen i aube uf my Dachstübliromantik u uf di scharmanti Art vo de Franzose. De schwärmen i vo de zueverlässige Schwyzer u vonere Wonig, wo nid eso lodelet.

Di französischi Chuchi

Ds einzige, wo französisch isch a myr Chuchi, isch d Sprach. Gchochet wird vor auuem nach Schwyzerart u müglechscht eifach.

Aber zersch han i zwe Tag lang müesse fäge u nach unzählige Chessle heissem Seifewasser chönne feschtsteuue, dass di Chuchi scho früecher einisch wyss syg gsi.

Platz het me o fasch kene gha un i ha usegruumt, was mer nid passt het. Unger angerem ones hööchs, breits Gschteu. Bim Usenangerschrube hets plötzlech aafo tschädere u ne ganzi Serie Gleser isch mer ufe Chopf achegheit.

«I hätt doch gschwore, i heig aus achegruumt», han i mer uf Bärndütsch Luft gmacht. Müehsam han i di Schäärbi zämegläse u ddänkt, Schäärbi bringi Glück. Dr letscht Schliff vo myr Yrichtig het de ds nöije Chuchimöbu söuue gä, nume hätt mes no müesse zämeschrube.

«Chasch du de das eleini», hei myner Fründe wöuue wüsse.

Dänkwou chönn ii das, han i schnippisch umeggä. Das wärdi chuum e Häxerei sy.

Am angere Morge früech han i mi a d Arbeit gmacht u afe einisch d Schrube u d Bouze schön nach Plan häretischelet. Jedes Ladli han i drü Mou drääit, bis is aagschrubt ha u zwüschyne gäng wider d Aaleitig gschtudiert. Nach ere Stung het mys Wärk würklech nach emene Möbu usgseh un i ha vouuer Stouz u mit viiu Schwung d Rücksyte dragnaglet.

«Die, wo do so gschprützt hei, söu itz nume cho luege», han i vor mi härebrümelet u mys Wärk er Chuchitüür zuegschobe.

U i däm Momänt isch mer ds Plagiere grad vergange: das Möbu isch jo viiu breiter gsi aus d Tüür!

«Das nähm doch dr Schinter, itz isch aus für d Chatz», han i usgrüeft u fasch nid chönne höre futtere. Nid vergäbe het mer einisch e Dokter gseit, usrüefe syg gsung, mi mües d Energie lo fliesse.

E Teil vo der Energie han i du bbruucht für das Möbu wider zur Heufti usenangerznäh.

«Wen i doch di Negu nume nid so töif ygschlage hätt!»

I ha di Chischte nones paar Mou müesse chehre, bis si äntlech am richtige Platz isch gschtange.

Am Oobe hei mer du di nöiji Chuchi ygweiht. I ha Gschnätzlets gmacht u Röschti. «Les Rösti» heig si einisch z Züri gha u das syg soo öppis Feins gsi, hei myner Fründe grüemt. I myr chlyne Bratpfanne han i gäng grad sövu Härdöpfu möge bbrate, wi si i dr Stube inne ggässe hei. U das isch so lang ggange, bis i kener Gschweuti meh ha gha.

Öppis vom Beliebtischte us myr französische Chuchi isch es richtigs, schwyzerisches Birchermüesli. I hätt mer nie lo troume, dass i usgrächnet z Paris mit

Haberflöckli u grapsete Öpfu Furore miech. Myner Gescht säge däm dr Eifachheit hauber «lö Müxli», so chöi si das schwirige Wort «Bircher» umgoh. Wen e Schüssle «Müxli» ufem Tisch steit, wird gäng rübis u stübis aus ggässe.

Eines Tags het sech dr Jean-Luc anerbotte, hinech chochi de är, es syg nid gseit, dass ii gäng mües i dr Chuchi stoh. D Elisabeth u dr Emmanuel chööm z Visite u dr Gérard heig er o no grad yglade. Es gäb Muschle, verkündet er stouz. Won är de amene Mändig wöu Muschle härnäh, han i gfrogt, es syg jo gar ke Märit.

Das syg de sy Sach, het my Fründ gseit, i mües mi um nüüt kümmere.

I bi dr ganz Nomittag i dr Stube ghocket u ha derglyche to, i kümmere mi um nüüt. Aber wo nach de Sächse weder e Jean-Luc, no Muschle sy dogsi, han i mi aato froge, was es ächt hütt bi üüs z Nacht gäb.

I bi zwöi Baguettes go chouffe u für au Fäu none schöne Öpfuchueche. Won i bi heicho, isch üse Chooch i dr Chuchi gschtange u het drü mordsgrossi Fischfilets ungerem Wasserhane gschwänkt. Si heig kener Muschle gha, aber derfür e feine Fisch, het sech dr Jean-Luc usegredt. Nume mües me ne zersch no chly wässere, das syg drum e gsauzne.

Mir heig aube dr Fisch i Miuch ygleit, das nähm ihm ds Fischelige u vilech o ds Sauz, han i probiert z häufe u di gröschti Schüssle vüregno u ne Liter Miuch.

Sider ischesch haubi achti worde u mir ischesch nienemeh wou gsi. I ha afe Härdöpfu übertoo u dr Tisch ddeckt. Dr Jean-Luc het gäng no sy Fisch bbadet u gseit, i würd o gschyder ds Määu vüregä, aus nume im Wäg z stoh.

Für so längi Fischfilets hets viiu Määu bbruucht, das han i ygseh u gschwige, wo dr Tisch, dr Herd u dr schön blau Chuchibode wyss überpuderet isch gsi.

Am achti het dr Gérard dr Chopf zur Tüür ygschtreckt u ghänslet, äs schmöcki no so nüüt nach z Nacht, är göi no chly i d Stube go Zytig läse. Sider het dr Jean-Luc afe es Muschter vo däm Fisch bbrate gha un is ggä z versueche. Wi uf Komando hei mer das Züüg grad wider usegschpöit.

«E so öppis Versauznigs han i myr Läbtig no nie ggässe», rüefen i uus, «mi nähm nume wunger, was es hütt z Nacht gäb. Emänt Härdöpfusuppe u Öpfuchueche, grad wi bi üüs dcheime», zigglen i wyter. Das chööm dervo, we me umzverrode wöu Muschle mache u ne hertere Gring heig aus drei Bärner zäme.

Es gäb dänk de scho öppis, het sech dr Jean-Luc verteidiget, nume syg me hie z Paris u my schwyzerisch Perfektionismus chönn i grad vergässe.

Dr Gérard het üsem Gchäär mitemene verschmitzte Lächle zuegglost u e chly schadefröidig gseit, Aafänger mües haut nid wöuue Fisch mache. – Das, wo dr Jean-Luc do gchouft heig, syg e «Morü» u ne settige Fisch mües me zersch zwe Tag lang wässere, bevor me ne chönn äsen.

Ungerdesse sy du o di angere Zwöi ytroffe un i ha di

Gescht samt Jean-Luc i d Stube komplimäntiert u gseit, es göi no nes Momäntli, bis es öppis z ässe gäb.

Mitemene Pfung Spaghetti u emene «Salade composée», wo aus isch drinne gsi, won i im Chüeuschrank gfunge ha, isch du dä Oobe glych no gmüetlech worde.

Dr Öpfuchueche syg wunderbar, rüehmt dr Emmanuel u tuet no zwe Löffu vo der dicke französische Nydle druuf.

Nume em Jean-Luc isch das z Nacht ufem Mage gläge. Bim Useruume het er ghässelet, so lapidaari Spaghetti hätt är de o chönne mache, i heig do gar nüüt gha z husfrouele.

I ha verschproche, i wöu mi bessere u vorgschlage, morn mües de kes i dr Chuchi stoh, mir göi uswärts go ässe.

Mieschrose

Im Garte hei grad d Herbschtanemone aafo blüeje u di fyne, wysse Aschterli. A de Mieschrose hets no nes paar Chnöpf gha, wo äuwä bi schönem Wätter no wär ufggange. Aber es het grägnet, was het abemöge u dr Näbu isch töif em Bärg noo ghanget.

«Hütt chunnts uus», hani ddänkt, «hütt wüsses de auui, dass i ke Bueb bi u nume es Meitschi u de no nes wüeschts!»

Wi mängisch han i d Mueter ghöre süüfzge, wi mängisch han i se ghöre bätte: «Liebe Gott, schänk is es Buebeli.»

Jedesmou, we si das gseit het, han i re e Stupf ggä. U de isch fertig gsi mit Schlooffe u d Mueter het haub Nächt lang Chrämpf gha u schuderhaft Angscht.

D Hebamme isch scho e Chehr do gsi u im Stübli näbedraa hei si aagfüüret. D Mueter het gschtöönet u d Hebamme het ere gäng guet zuegredt. Nam zVieri geit d Tüüre uuf u d Grossmueter streckt dr Chopf yche für z luege, öbs nid gly noche syg. Es göi sicher nümm so lang, seit d Hebamme, si söu nume em Dokter Bscheid mache, dä mües uf au Fäu häre.

I ha dene Froue zuegglost u beschlosse, am Beschte syg, i chööm gar nid uf d Wäut, das gäb sowiso nume Eerger. Aber si hei mer ke Rueh gloo un i ha gly einisch müesse ygseh, dass uf der Wäut di grosse Lüt befäle u so ne chlyne Chnopf win iig z fouge u z schwyge het. Aber i ha nid gschwige, im Gägeteil: je meh Lüt um mi umegschtange sy, je lütter han i gmööget.

«Eh, eh», het d Hebamme gseit u mi süüferli i nes Bad ddünkt. Es Momäntli han i d Luft aagha; i däm schön warme Wasser hets mer gfauue. Aber chuum het si mi usegnoo, han i wider losgloo. Dr Vatter isch näbem Bett gschtange, het fyschter drygluegt u kes Wort gseit. U d Mueter het nidemou meh gsüüfzget. Si het d Ouge zuetoo u i sech yne ggränned.

«Es Meitschi, du mynigüeti, für was itz no einisch es Meitschi? Mir hei doch scho eis, u de no so nes härzigs un es gfröits! Was söu mer itz do mit däm chlyne Pfupfi, wo scho so nes Theater macht? E Bueb hei mer wöuue, e chräftige Pursch, eine, wo me cha bruuche i Hof u Stau u nid es settigs Fynöggeli!»

«Momou, di Tochter het ömu gsungi Lunge», seit dr Dokter. «Aber e herte Chopf», git d Grossmueter ume, nimmt mi, packt mi i Stubewage u stoost mi düre Gang düre i di angeri Stube übere.

«So, hie stöörsch de niemmer mit dym Prüeu. Eh aber o, wi cha me nume so tue», entsetzt si sech u schoppet mer e Nüggu i ds Muu. Aber i ha ne gäng grad wider usegschpöit u no lütter bbrüelet. Aus Chüderle u Buttele het nüüt abtreit, i ha bbrüelet u bbrüelet, stungelang. I ha ke Nüggu wöuue u ke Grossmueter, i ha nid wöuue tröschtet wärde u nid bbuttelet. I ha zur Mueter wöuue!

Aber d Mueter het mi nid ghört. Si het gschlooffe u Rueh nötig gha.

I dr Autjohrswuche, usgrächnet am Siuveschter, hei si my Touffi aagseit. Scho am Morge früech isches losggange. I mües no bbadet sy, hets gheisse, ungwäsche göi me nid i d Chiuche. I dr Stube isch es schön warm gsi, un es wär eigetlech aus guet ggange, we nume d Gotte nid eso närvös wär gsi! Bis die mir das Tschööpeli dr rächt Wäg ume aageleit het gha! Ds Lybeli bing me vornoche u ds Tschööpeli am Rügge, het se d Mueter belehrt.

Äntlech bin i aagschiret gsi u mi het chönne fahre.

Dr Studer Ruedi isch pünktlech mit sym schön putzte Ford vor dr Tüüre gschtange. D Mueter u di beide Gotte sy hingerdry ghocket u ds Gotte Emmy het mi uf d Schoos gno. Es het mi früntlech aagluegt un i has fescht amene Finger gha. Sy blau Huet mit em tüpflete Schleierli het mer gfauue un es het fein gschmöckt.

Dr Studer Ruedi isch süüferli aagfahre u het gäng gmacht, dass er nid z gäij um d Kurve chööm. Aber es het glych feyechly bbuttelet un i ha aafo görpsle. D Mueter het mer hurti es Tüechli unger ds Chini gschoppet u richtig: scho bi dr nöchschte Kurve isch e Gutsch cho. D Gotte het «eh du myn Trooscht» grüeft u um ihre nöi Mantu gangschtet. U d Mueter het gjammeret, das syg e schöni Bescheerig u gäng wider a mym Tschoope umegribe. I han es Tuureli gmacht u ddänkt, vo mir uus hätt me chönne deheime blybe.

Äntlech sy mer bim Pfarrhuus aacho u d Frou Pfarer het is i di schöni Stube gheisse. Dert hei si mer es längs, wysses Röckli aagleit un es styfs Chäppeli, won i nid ha chönne verputze.

Di ewigi Aalegerei het mer Buuchweh gmacht u churz vorem Ylütte het d Gotte plötzlech d Nase grümpft u gseit, si gloubi, do syg öppis ggange! Schnäu, schnäu hei si mi uspackt un e früschi Wingle ungeregschoppet. Es het scho ygglüte gha, wo mer äntlech bi dr Chiuche obe sy gsi. Voruus dr Pfarer, de ds Gotte Idy mit mir ufem Arm u hingernoche dr Götti Hans u ds Gotte Emmy.

Solang d Orgele gschpiut het, han i no andächtig zuegglost. Aber wo mer dr Pfarer vo däm chaute Wasser uf d Stirne tropfet het, han i mordio aafo brüele. D Gotte het gäng wider probiert, mer dr Nüggu i ds Muu z stoosse, aber i ha ne gäng grad wider usegschpöit.

I wott doch ke Nüggu, han i ufbegährt, i wott hei!

«Im Namen des Vaters und des Sohnes und des heiligen Geistes», het dr Pfarer mys Prüeu probiert z übertööne.

Im Früelig druuf, amene schöne Tag, isch d Grossmueter mit mer gäge ds Moos usegwägelet. Plötzlech streckt öpper dr Chopf zum Wage y u rüeft: «Äh pfui, roti Hoor!»

Was söu itz das heisse, han i ddänkt u so gly, dass i ha chönne louffe, bin ig i dr Schloofstube vore Spiegu gschtange u ha mi läng aagluegt. Es chugurunds Gringli, Ouge, wo mi aagschtuunet hei u guldig-roti Chruseli.

Itz han i gwüsst, warum mi d Mueter lieber nid wöuue hätt: i bi angersch gsi, angersch aus di angere.

Angersch aus dr Vatter, angersch aus d Mueter u angersch aus my Schweschter. I bin e frömde Vogu gsi u ha nid i das Familiebiud ychepasst u scho gar nümme, wo im Winter druuf äntlech e Bueb isch uf d Wäut cho.

Itz bin i ersch rächt ds Ching vo de Tante, Grossmüetere u Dienschtmeitschi worde. D Mueter het au Häng vou ztüe gha mit ihrem Suhn. Dä het d Muetermiuch nid vertreit u gäng Buuchweh gha.

Im Früelig druf hets no einisch Zuewachs ggä; wider e Bueb. Dasmou ganz e fröhleche, luschtige, wo stungelang hingerem Huus i sym Wägeli mit dene glismete Glöggeli gschpiut het, wo vom Verdeck sy abeghanget. Sy gross Brueder het gly gmerkt, dass er do e bösi Konkuränz het übercho u bi jeder Glägeheit het er üse Jüngscht plooget u mängisch sogar bbisse. Dermit het o d Mueter ihri Meinig gänderet u vo denn aa dr chlyn Luschtig em grosse Jähzornige vorzoge. De isch no my grossi Schweschter gsi. E Usbunt vo Ching, gföugig u hiufsbereit, scho nes richtigs Husmüeterli.

Nume mi het me für nüüt Rächts chönne bruuche. I bi gäng im Wäg gschtange, ha de Lüt es Loch i Buuch gfrogt u lieber gglaueret aus gwärchet. I bi gäng chly fürig gsi u d Mueter het mi aupott, ohne viiu Fäderläsis z mache, i d Ferie ggä. Einisch zur Grossmueter, de wider zur Gotte oder zure Tante. Wen i de aube wider bi heicho, han i ersch rächt i ke Schue meh yche passt.

Das nähm mi de wunger, öb di Mueter nid o einisch nume grad für mi chönn dosy, han i ddänkt u ab em

Chuchitisch e Gguttere gno u grad hurti e touue Schluck dervo trunke.

«Jesses Gott, das isch jo giftig», het d Mueter prüelet, «mir müesse sofort zum Dokter!» U hurti hei si mer ds Muu u d Häng gwäsche un es früsches Röckli aagleit.

«Eh, eh, was machsch du für Sache», het dr Dokter gseit, mi uf e Schrage ucheglüpft u mer dr Mage uspumpet.

I hätt mer dä Schluck sauft chönne erschpare. Nid öppe d Mueter isch mit mer zum Dokter cho u het mer d Hang gha. Ne-nei, ds Dienschtmeitschi het müesse dragloube, hurti d Schöibe abzieh u mit mer abtraabe.

D Mueter het nid gmerkt, dass i se nötig gha hätt. Si het gäng viiu z tüe gha, het gwärchet u säute Zyt für üüs Ching.

Wo my grossi Schweschter isch i d Schueu ggange, isch si hei cho verzeuue, wi d Lehrere e bösi syg u dene Ching, wo nüüt chönn, mit emene Stäcke uf d Finger gäb. Zu dere göi i de afe nid, han i beschlosse u am Tag, bevor i mi i d Schueu hätt söuue go yschriibe, han i so hööch Fieber übercho, dass si hei müesse dr Dokter lo cho.

Äntlech het sech d Mueter müesse Zyt näh für mi. Si het mer Beiwicku gmacht u mer derzue es Gschichtli verzeut. I ha dörfe i ihrem Bett schlooffe u bi wunschlos glücklech gsi.

Dr Teehafe

Won i mys Chuchizüüg ypackt ha, han i mer gseit, für mys eifache Läbe z Paris bruuch i gwüss ke Teehafe un i ha di schöni bruuni Channe wider zrügg uf ds Gschteu too.

I ha nid schlächt gluegt, wo i dr nöije Wonig i mym Chucheli, zvorderscht ufem Tablar, e wunderschöne Teehafe gschtange isch. «Hafe» isch nid ds rächte Wort, e prächtigi handgmachti Zinnchanne isches, mit emene grosse Buuch umene gschwungene Zuegge.

Dr Gérard het mer gseit, är heig ddänkt, är löi mer die do, i syg de sicher froh, wen i nach der länge Reis grad chönn es Tee mache.

Das het mi schuderhaft gfröit u di Channe isch jede Tag ufe Tisch cho.

Wo dr Gérard im Herbscht vo de Ferie heicho isch, was bringt er mer? E nigu-nagu-nöiji Teechanne, genau sone schöni, win i scho ha gha. Di angeri mües er wider umeha, seit er, är chönn sech vo dere eifach nid trenne.

We mes gnau nähm, ghör die nämlech dr Mueter, är heigere se einisch gschänkt. Nume syg di Channe nie eschtimiert worde, d Mueter heig kes einzigs Mou Tee drinn aabbrüejt. U eines Tags heig er das verschmähte Gschänk vor Töibi wider mitgno u vo denn aa syg er niemeh heiggange, go luege, was d Mueter mach.

Bis dä Summer heig er au di Johr düre am Morge sy Tee drinn gmacht u itz chönn er sech eifach nümm umgwane.

Teehäfe u Sühn u Müettere heig äuwä öppis Gmeinsams, sägen i u verzeuen ihm my Teehafe-Gschicht:

Wo üse eutischt Suhn sy erschti Steu het aaträte, han ihm um z Verrode es kompletts Menage wöuue yrichte u unger angerem o ne schöne Teehafe gchouft.

Brav, win er isch gsi, het er das Züüg aus schön ufenes Gschteu tischelet us derby lo bewände. Är het wi früecher Mineralwasser ab dr Fläsche trunke, Hushautig lo Hushautig sy u meischtens uswärts ggässe.

Du einisch, won i bi z Visite cho un ihm di früschi Wösch ha bbroocht, het er mer wöuue Ehr aatue un es Tee gmacht. Aber dä tuusigs Hafe het aazoge, mi het bim Yschänke no so chönne ufpasse, es het jedesmou es Gsüder ggä.

I bi di Channe sofort go umtuusche, das wär mer de no, han i mi eryferet, my Suhn mües doch e rächte Teehafe ha! Dass sech üse Eutischt um ganz angeri Sache kümmeret, won ihm wichtiger sy gsi aus e Teechanne samt Mueter u glettete Hemmli, han i nid so gschwing gmerkt.

«We d Müettere nid wei wohr ha, dass si ihrer Ching langsam müesse lo springe, chunnt ne sone Teechanne grad äberächt, meinsch nid», sägen i zum Gérard.

Dä verbysst ds Lache u spöttlet: «Oui, oui, c'est ça les mères poupoules.» – «Du meinsch doch mit dene

Ggluggere nid öppe mi», giben i ume, «u überhoupt machen i itz es Tee!»

Mir hocke zäme am chlyne runde Tischli, di schöni, nöiji Teechanne zwüschen is u lose em Räge zue. Är macht längi Stryme über d Fänschterschybe ache, es isch fröschtelig, mi sött scho fasch heize.

Dr Gérard isch eysiubig worde, er isch mit syne Gedanke wyt ewäg. Süüferli trinkt er sys Tassli uus, steit uuf u lyret umständlech sy auti Teechanne ines Papier y, ganz vorsichtig, wi we si chönnt verheije.

«Gäu, sone Hafe het öppis Müetterlechs, öppis Heimeligs», sägen i, «wettisch nid wider einisch dy Mueter go bsueche, gloubsch, di hätt Fröid.»

Ds Gärtli

D Avenue Jean-Jaurès isch eini vo dene Verbindigsstroosse vom Stadtzäntrum uf e Péripherique u wyter uf d Outobahn. Vierspuurig wird do vom Morge bis am Oobe meh grütscht aus gfahre u derzue gäng tou ghoornet.

Links u rächts vo der Strooss stöh sibestöckigi Wohnhüser, wo sech, so guet si chöi, hinger de Böim u em breite Trottoir vor de Abgas schütze. Mi chääm nid uf d Idee, dass sech hinger eim vo dene unpärsönleche, nöimödische Hüser es Gärtli versteckti.

Eigetlech het me dert wöuue Rase säje, aber gottlob het üse Fründ, wo di ungerschti Wonig gchouft het, gleitig gnue gschaute u gseit, är wöu sech de scho um das Bitzeli Härd kümmere, wo do zwüsche hööche Muure ygchlemmt, a sy grossi Terrasse aastoost.

Di meischte hei zwar dr Chopf gschüttlet u gseit, das gäb doch dert nüüt Rächts. Aber dr Gérard het sech nid lo drusbringe, u mir hei ne ungerstützt u aube stungelang mit ihm Gartekatalög gschtudiert. Mit paarne Stüdeli het er aagfange, u auui, wo sy z Visite cho, hei statt ere Fläsche Wy oder süsch öppis, äbe e Pflanze bbroocht oder Chlüüf.

Scho im erschte Früelig hei Hunderti vo Tulpe blüejt, u o d Nachbere ringsetum hei Fröid dran gha. E japanische Ahorn un e grosse Rhododendron hei d Egge marggiert, u hinger i dr Mitti sy zwo Zypresse härecho. Das gäb em Garte Töiffi un e gueti Perschpektive, het üse Fründ erklärt. Ohni die giengs de bim Gérard nid, är het es Oug für schöni Sache. Das isch o em Gärtli zguetcho.

Nach de Tulpe hei d Schwärtlilie ihrer Chnöpf uftoo, ume Rhododendron ume hei d Azalee aafo blüeje u d Stifmüetterli u d Vergissmeinnicht hei i auune Blautön dr Bode deckt.

Im Summer isch de rote Pflox derzue cho, wyssi Margritte u links u rächts vo dr Terrasse wunderschöni Malve. Gäge Herbscht hei a dr Muur hinger d Sunneblueme äntlech blüejt u glydruuf scho di fyne lilafarbige Aschterli.

I dr Mitti vo däm luschtige Gärtli isch dummerwyss e grosse Liechtschacht. Mir hei zwöi wiudi Räbli häregsetzt, u di sy so gleitig gwachse, dass es im Summer e wunderbare, grüene Teppich git, wo sech im Herbscht i auune Rottön verfärbt.

Vo dr Terrasse zur Husmuur isch e Pergola härecho. Wüu d Glyzine u Clematis, wo dranno uche wachse, no weeni Schatte gä, spanne mer aube es grosses Tuech vo dr Husmuur zu de Pföschte übere.

Das Dach het o dr Vorteil, dass is nid sämtlechi Nachbere chöi i d Suppe luege, u mir müesse de nid gäng chüschele, we mer is über «die vo änedra» amüsiere. Gmeint isch e rabiati vouschlanki Frou, wo ds ganze Fänschter usfüuut, we si nis bim Ässe zueluegt. Das wär jo no glych. Aber we de ihre Maa deheime isch,

isch de dert äne öppis los! U wär no nie e Ehekrach uf arabisch-französisch ghört het, sött einisch amene Sunndig i üses Gärtli cho. Es geit zwar lütter zue, aus es gfährlech isch u am Änd vo somene Dischput brüelet dr Maa aube: «Ta gueule, ferme ta gueule!» Si git öppis uf arabisch ume, seit nächhär uf französisch, är würd o gschider d Stromrächnig zale. De schletzt e Tüüre, es git Rueh, u si cha wider zum Fänschter uus glaare. Irgendwie ghört das Gchifu zum Gärtli. Wes einisch e Nomittag lang stiu isch, meint me, es syg nid Sunndig gsi.

We mer zum Gérard chöme, gö mer gäng zersch zäme i Garte go luege, was es Nöis gäb. Schön langsam louffe mer übere Plattewäg, wo im Zickzack zur hööche Muur hingere geit. De am Liechtschacht verby u änenoche wider gäge d Terrasse füre.

Bi jedem Stüdeli blybe mer stoh, rysse hie es düürs Blettli aab u rüehme dert e nöiji Pflanze. Eso hei mer ds Gfüeu, dä Garte syg riisegross u nid nume es paar Quadratmeter. Zu jeder Johreszyt blüejt öppis, u wüu dr Häärd so guet isch, wird aus gross u maschtig.

So hei sech o di ergschte Pessimischte lo überzüge, dass me zmitts inere Steiwüeschti chönn es Paradis mache.

Schön isches, we me dusse cha ässe. Mängisch sy mer e ganzi Tischete. Jedes bringt öppis mit, u auui häufe enang. Nachem Ässe, wo nach französischer Art öppe zwo Stung geit, dööse mer de auui a dr Sunne.

Gäge Oobe wott de jedes mit em Schluuch dr Garte

sprütze u kes go abwäsche. Meischtens überlö mer das Amt em Gérard. Är mach das sowiso lieber säuber, seit er aube, mir chönn ihm jo zueluege u «la causette» mache. U sider wüu mer brichte, wäscht er aab. Schön sorgfäutig u ganz langsam. Nächhär tröchnet er ds Gschiir süüferli, u jedesmou, wen es Tröpfli Wasser uf e glänzig-dunkublau Bode gheit, putzt ers hurti uuf u rybt o no grad d Tööpe am Chüeuschrank aab. Nächhär tröchnet er wider seeleruehig ds Gschiir; u das aus gäng mit em glyche Tüechli.

I mues mi jedesmou zämenäh, dass i mit myr «Propreté suisse» em Husheer nid i ds Handwärk pfusche u säge, är söu dä gruusig Hudu de öppe i d Wösch gheie.

Luschtig isch es o, we dr Gérard im Garte öppis setzt. De nimmt er für d Löcher z mache syner siuberige Löffu us dr Chuchi. Das spari es Setzhouz u mach ersch no schöns Bschteck.

Im Hochsummer geit üse Fründ a ds Meer i d Ferie u mir müessen ihm sider dr Garte goume. Das mache mer aube no so gärn. I üser chlyne Dachwonig isch es denn sowiso fasch nid zum Ushaute.

Mit Sack u Pack zügle mer de fürne Chehr i Gérards Wonig oder besser gseit, i Garte. Vom Morge früech bis am Ooobe spät läbe mer verusse, louffe barfis u sy meischtens i de Badhose.

Wüu i däm luschtige Garte so viiu Tonchrüeg u Meiehäfe desumestöh, chönnt me meine, me syg irgendwo z Italie imene romantische Dörfli, uf au Fäu nid z Paris i dr Avenue Jean-Jaurès hingerusse.

Muetertag

I ha lang müesse sueche, bis i im Marais, zmitts im eutischte Teil vo Paris, das Lädeli wider gfunge ha, won es so schöni Keramik git. Di ryche Lüt chouffe sech dert ganzi Chuchiyrichtige: Keramikchachle, Schüttsteine, aus handgmale u sündhaft tüür. Mir heis di luschtige, chlyne Keramikhüsli aato. Mit dene wetti d Wang hinger dr Badwanne verschönere.

Lang han i gwährweiset, weler dass i ächt sou näh. Afe sicher die mit «Epicerie» u «Tabac», de das mit de bruune Läde un em Boum näbem Bänkli u natürlech das schöne rosarote. Bim Chiuchli han i lang gschtudiert, weles besser passi, das mit em bruune oder das mit em blaue Dach. Zletscht han i es ganzes Dörfli binang gha. Ds Fröilein het mer di Hüsli sorgfäutig ypackt un i ha, ohni mit de Wimpere z zucke, zwöihundertachzg Francs häregschtreckt.

Ufem Wäg zum Saint-Paul füre het sech plötzlech d Mueter i mer inne aafo rüehre:

«Waas, zwöihundertachzg Francs fürnes settigs Gvätterlizüüg, bisch du nümme ganz bitroscht, das hätt jo nes Paar Schue ggä!»

«Schue», muulen i use, «für sibezg Fränkli gits nütmeh Gahrigs, u überhoupt bruuchen i gar kener Schue. Di aute tües no lang, i luege jo graduus oder a Himu uche u ömu nid uf d Schue.»

D Mueter loot nid lugg: «Wi chunsch du derzue, amene gwöhnleche Wärchtig für unnützes Züüg däwä Gäut uszgä?»

«I ha mer wöuue e Fröid mache», probieren i mi z verteidige, «u scho lang nach dene Hüsli gschpanyflet. Eh jo, mi chönnt o Plättli häretue, aber i wott itz eifach Hüsli! Weisch was, Mueter, dänk doch, i heig hütt Muetertag.»

«Waas, zmitts im Ougschte», fahrt si mer derzwüsche, «das isch wider eine vo dyne Füürz! I gseh o nid y, für was dass du gäng muesch uf das Paris schwanze, e settigi Soustadt, wo me sech nid ds Läbes sicher isch.»

«Du weisch gar nid, wi schön es hie isch u säg nid no einisch Soustadt», giben i ume. «Mit däm hesch mer vor dryssg Johr chönne angscht mache, hütt nümm. U für sech lo aazpöble, cha me sech dr TeScheWe erschpare u znacht bim Bierhübeli verby oder über d Schanze. I fröije mii itz eifach uf di Hüsli, öb Muetertag syg oder nid.»

Überhoupt, das Gschtüürm um dä Muetertag! Du hättisch zletscht Mou im Bluemelade bim Bahnhof vore das Gschtungg söuue gseh! Es het mi ddünkt, aus, wo Bei heig, chööm no hurti im letschte Ougeblick sone Hüüchlerbäse cho chouffe, wi däm üser Ching aube säge.

I bi chly go gwungere, di schöne Blueme go luege. Aber di Pryse, eh du mynigüeti, di Pryse! Wenn eine Muetertag het gha, so ischs dr Bluemebinder gsi.

Näbe mir isch e Maa im Treener gschtange, e

Tschogger i vouuer Montuur u ganz verschwitzt. Sicher isch däm plötzlech zmitts im Breemer uf dr Äschebahn i Sinn cho, hütt syg jo Muetertag, u tifig isch er em Bahnhof zuetraabet. Zum Glück het er es Zänernötli bysech gha u für das es miggerigs Meieli übercho. Wenigschtens öppis, han i ddänkt, wenigschtens e chlyne Dank für di verschwitzte Chleider, wo sy Frou sicher het chönne verruume.

Är geit mer nid usem Sinn, dä tuusigs Muetertag. Ufem ganze Heiwäg han i dranume gchätschet u bi derwäge no e Station z früech us dr Metro use. Das isch doch nüüt aus es cheibe Gschäft u de no es unggrächts! Wen er no «Frouetag» würd heisse! Heis de die Müettere, wo denn Blueme überchöme, o bsungersch verdienet? U de di angere, wo eleini läbe u kene hei, wo no hurti vor Torschluss zum Bahnhof füre tschogget?

Deheime han is nid chönne verchlemme u di Hüsli sofort uspackt u zumene Dörfli tischelet. Hüsli isch eigetlech zviiu gseit, im Grund gno sys dicki Keramikplättli, wo schön aagmale sy u d Form vomene Hüsli hei. Scho drü Mou han i se chly angersch härcto u itz sy si wider glych wi zersch. So gfauts mer, un i weis gar nid, warum is de ha wöuue angersch ha. Gäng meint me, es mües no besser, no schöner sy u no meh Ydruck mache. Cha me de nid einisch zfride sy?

Im Badzimmer, a dr Wang hinger dr Badwanne, hets um d Häne ume es grüüsligs Loch. Mit mym gröschte Schrubeziejer umene Hammer, wo viiu z chlyn isch gsi, han i das zersch suber usegschpitzt. I ha aus Ching mängisch gnue e de Muurer zuegluegt u weis no, wi me das macht.

«U du hesch aube Fänschter glaset, masch di no bsinne, Mueter? Un is dermit vor Vatters Donnerwätter grettet. We dä gseh hätt, wi mängi Schybe mir bim Lauere verheit hei!

Wi du aube dä Chitt so schön am Rand noozoge hesch! Settigs Züüg isch dir viiu besser groote aus em Vatter. Dä het ke Geduld derzue gha. Höchschtens für sy Karabiner, won er amene Sunndig am Morge stungelang ygfettet het. I ha däm Gwehr nie ganz trouet u gäng gföörchtet, es chönnt doch no e Schuss im Louf sy. Do het mer dys Fänschterchitte besser gfauue u mängisch han i es Räschteli vo däm weiche, fettige Tanggu dörfe ha u dermit Manöggeli gmacht.»

Wen i di ghogerigi Muur u das grosse Loch aaluege, bin i gwüss e chly unsicher, öb das guet chööm u di Hüsli de o chläbi. Jä nu, süsch tuen i haut de gwöhnlechi wyssi Plättli häre.

«Das hättisch dänk vo Aafang aa chönne mache», wätteret d Mueter i mer inne.

«Begryf mi doch, Mueter, das mit dene Hüsli isch viiu spannender u ersch no schön; wyssi Plättli sy doch stinklängwylig! Lo mi itz lo mache, süsch trochnet mer dä Pfludi gwüss no y. Chasch mer myra zueluege, aber muesch itz schwige. D Müettere müesse ihrer Ching aubeneinisch lo mache, o we sis hundertmou besser wüsse aus si.»

Do zungerscht, znöchscht bim Meer, chunnt das

chlyne Hüsli mit em Bänkli. U änenoche ds Badhuus, wo zur rosarote Villa ghört, u scho fasch im Schiuf usse ds Fischerhüsli.

«Waas Schiuf?»

«Natürlech hets no kes Schiuf, das malen i de scho häre. Wart doch itze u red mer nid gäng dry! Emänt fröisch di doch no uf das Dörfli u tuesch nume derglyche, es syg es Gvätterlizüüg. Geduld mues me ha, Mueter, Geduld. Aber das weisch du doch. Wi mängisch hesch du müesse Geduld ha, weniger mit üüs, aus mit em Vatter. Aber i troue der Geduld nid gäng u de dünkts mi, das syg nume e fuli Usred, me warti eifach, bis dr anger öppis tüeng u meini de, me syg bsungersch lieb u geduldig.»

Söu i ächt ds Sportgschäft grad näbe ds Tubaklädeli tue? Die, wo nid spörtle, chöi de mynetwäge tubake. Uf au Fäu chunnt di rosaroti Villa zmitts i ds Dörfli näbe di stotzigi wyssi Stäge. Si git mer viiu z tüe, di tuusigs Stäge. Einisch sy d Tritte z hööch u einisch z nider.

«Wi wenn das drufaab chääm», bugeret d Mueter.

«Dänkwou chunnt das drufaab, i wott e schöni, italiänischi Stäge!»

U zum xte Mou glletten i mit emene Spachtu aus schön glatt u zieh mit emene Chnebeli glychmässigi Stägetritte, nid z hööch u nid z nider. Grad äberächt für di Froue, wo am Morge früech mit ihrne Wöschchörb ufem Chopf zdüruuflouffe. I gseh se grad, wi si schön langsam u ufrächt em Dorfbrunne zuegöh, Tag für Tag. Gäng hei si öppis z wäsche u derby o Glägeheit, e chly z brichte. Wen i do di hööche, schmaale Hüsli aaluege, chunnt mer es Dörfli am Mittumeer d Sinn. Me seit, dert stöi di erschte Hochhüser vo Europa. D Gässli zwüsche dene Hüser sy dert so schmau, dass me em Nachber chönnt i d Pfanne recke u d Hüser so hööch, dass es eim dünkt, si kippi jede Momänt um u gheiji i ds Meer. Camogli heisst das Dorf, das chunnt vo Casa delle Moglie, Haus der Frauen. Mi säg däm eso, wüu dert d Froue so viiu eleini syg. Ihrer Manne fahri wyt uf ds Meer use go fische. U di Froue warti u warti, tagelang, nächtelang u mängisch warti de di einti oder angeri vergäbe.

«Du hesch o viiu gwartet, weisch no, Mueter? Haub Nächt lang bisch ufem Ofe ghocket, wo gäng e chly cheuter worde isch. Warum bisch de o nid i ds Bett ggange? Dr Vatter isch wäge dym Warte nid ender heicho! Mit em Warte isches wi mit dr Geduld, es het es Hööggli derby. Mi wott dr anger zwinge, öppis z tue, wott ihm bybringe, üses Warte u Verzichte syg wäge ihm u schiebt ihm dermit di ganzi Schuld i d Schue. Warte isch nume guet, we me o merkt, wenn dass es Zyt isch, z handle. Süsch wartet me vergäbe, mängisch es ganzes Läbe lang.»

Das schöne Hööche isch ds Pfarrhuus, das näbedraa em Sigrischt sys u de chly wyter hinger ds Hüsli für d Hushäutere. Näbe di rosaroti Villa chöme di zwöi chlyne Hüsli häre, für d Chöchi u für e Gärtner, so nobli Lüt hei doch Dienschte.

«Was du wider zämefantasiersch», ghören i di säge. «Du würdisch o gschider öppis Rächts wärche!»

«Das Sprüchli han i scho früecher ghört, Mueter. Aber i ha nie begriffe, warum dihr gäng nume vom Wärche gredt heit. Vom Morge bis am Oobe es Ghetz un es Gjaag!»

Wenn es chly ggange isch, han i mi aube pfääit, ha hingerem Huus mit de chlyne Chatzli ggangglet oder mit emene Chnebeli dä gross Chrott im Chäuerloch nide gguslet.

Aber my Freiheit het gäng nume churzi Bei gha.

I söu sofort cho Tisch decke, hets de öppe tönt. Usgrächnet Tisch decke! Iig, wo gäng linggs u rächts verwächslet u nie gwüsst ha, öb itz d Löffu gäge ds Fänschter chööm oder nid! U de mües me no gschwing zu Wäbers füre go Ggaffee reiche. Aber so gschwing isch de das nid ggange. Bis i de lang gnue Gärbers Pfau zuegluegt ha, win er ds Rad macht u wi ds Hüennerlisi sym Fädervieh chüderlet, het de ds Ggaffeewasser e Chehr vergäbe chönne plodere, bsungersch, wen i de no zersch ha müesse am Klaröpfuboum schüttle, wüus nume Wurmmäässigi am Bode het gha.

«I heig doch sone schöni Staatssteu», ghören i di säge.

«Gha, Mueter, gha. I ha se ufggä, has nümm usghaute. Das schwärfäuuige Züüg mit em Dienschtwäg isch mer verleidet. Weisch, was das isch ‹dr Dienschtwäg›?

Das sy e ganze Huufe Büro oder mynetwäge Beamti,

auui schön i eir Reihe u jede chly wichtiger aus dr anger. Jede Brief u jedi Verordnig het sy Dientschwäg z goh. Bis de sones Schrybe äntlech am rächten Ort isch, isch das, wo drinne steit, scho lang nümm wohr. Das het o ne Vorteil: me mues sech mit däm Thärme gar nümm befasse, es isch jo sowiso scho z spät. U de macht mes, wi mes scho dryssg Johr lang gmacht het. Aus blibt bim Aute, so cha me nüüt vertüüfle u mi het sy Rueh.

Jo, jo, Mueter, du hesch scho rächt, mi het au Monet pünktlech sy Lohn, öb me ne itz verdienet heig oder nid. Das chunnt bim Staat nid so drufaab. D Houptsach, me isch pünktlech, macht, was eim befole wird, dänkt nume vor d Schuenase use u hautet sys Muu. Gsehsch, das isches äbe, i ha doch mys Muu nie chönne haute! I ha doch nid chönne zueluege, wi do mängisch gfuerwärchet worde isch!

Wen es nume um Härdöpfu ggange wär, hätt is jo no verchraftet. Aber dert geits um Mönsche, besser gseit, um Froue u chlyni Ching.

U de di Dökter! Du meinsch gäng no, di Gschtudierte syg bsungersch gueti Lüt u jede Dokter e Mönschefründ. Das chasch vergässe! Di meischte dänke nume a siich, a ihri Ggariere u a ds Gäut. Si verschrybe tüüri Püuverli, meine, mi chönn jede Bräschte wägg operiere u mache es donners Gschys mit dene blöde Statistike, wo däwä viiu ztüe gä u sowiso nie stimme. Mit dene Zahle wei si nume uswärts e gueti Fauue mache.

Natürlech hets ones paar Idealischte derby, wo no wüsse, dass ihres Metier Humanmedizin heisst. Si gseh ihrer Passiänte no aus ganzi Mönsche, säge, mi mües Geduld ha für usezfinge, wohär das Lyde chööm. Aber grad das wei di chranke Lüt nid! Hütt wott doch niemer meh Geduld ha! Mi het ke Zyt, Tee z choche u Umschleeg z mache. Zyt isch Gäut u Gäut isch gäng no ds Wichtigschte. Di Froue meine, mit Gäut chönn me aus mache u d Dökter syg derzue do, ne ihrer Problem wägzoperiere, für was heig me de schliesslech e Chrankekasse.

Mängisch dünkts mi, üser Grossmüettere heig besser gwüsst, wär si syg u was ne guet tüeng. Si hei meh Bode gha, hei sech meh uf ihre gsung Mönscheverstang verlo aus di hüttige Froue. Wine Herde Schoof chöme si mer mängisch vor. Aus lö si sech gfauue. Es isch hütt nümm Mode, d Ching denn z näh, we si chöme. Hütt tuet me plaane. U we dr Termin nid passt, ds Gäut nid längt oder dr Maa dergäge isch, loot me abtriibe. Das geit hütt schnäu u fasch schmärz- u problemlos. Nach zweene Tag isch aus verby u mi tuet derglyche, wi we nüüt wär gsi. ‹Schwangerschaftserstehungsunfähigkeit› heisst das. I ha myne Ohre nid trouet, won i das zerscht Mou ghört ha u gmeint, i heig nid gnue Buechstabe i dr Schrybmaschine.

Mi nähm mängisch wunger, wo do dr Fortschritt isch? Do het me gmeint, mit dr Piuue heigs de di Froue gäbiger, si sygi freier u mües nümm aupott Angscht ha, si überchööm es Ching. U itz chöme die, won es Ching überchämte, cho abtriibe u di angere, wo derglyche tüe, si wetti eis, lö sech für tüürs Gäut Hormonkuure mache. U wes de äntlech klappt, tüe si hyschterisch u fröije sech überhoupt nümm uf das Bebeeli, wo me doch mit so viiu Ufwand erzwunge het.

Gäu Mueter, du hesch di o nid gfröit, won ii bi uf d Wäut cho? I hätt doch söuue e Bueb sy! U itz chunnt do sone chlyne Strupf, wo i ke Schue yche passt. Meinsch, mir heigs passt! I ha doch aupott wöuue furtlouffe. Aus, wo mer lieb isch gsi, han ig i ds Bäbiwägeli packt u bi dermit gägem Grauhouz zuegschtaabet. Mängisch han i mi o nume hinger dr Ladewang bim Garte versteckt u schadefröidig zuegglost, wi dihr mer vergäbe grüeft heit. Aber de nächhär aube di Stroofpredig u mängisch no Schleeg. Im fyschtere Stägegänterli han i mi de chönne go bsinne, öb i gäng wöu furtlouffe.

Einisch wärs grad noche gsi zum Zvieri. Ds Meitschi het grad so feine, heisse Ggaggoo ygschänkt, wo du mi i das verflixte Gänterli ychebuxiert hesch. Eh, wi het mi dä Ggaggoo groue! I weis o nid, öb das Yschpere viiu abtreit het. I ha o nie begriffe, warum Nachbers Kanarievogu so schön gsunge het, wenn er doch dr ganz Tag i sym Chefig inn het müesse hocke. Ömu ii hätt ke Toon vo mer ggä.»

D Epicerie chunnt natürlech zmitts ufe Dorfplatz. I dene Dörfli hets doch gäng sones Auerwäutslädeli, wo me di unmüglechschte Sache fingt u derzue no grad ds Nöischte vernimmt.

Näbedra chunnt er Grossmueter ihres Hüsli. De gseht si gäng öppe, was louft u isch nid eso eleini. Mängisch steit si am Fänschter u luegt ufe Dorfplatz use, ob öppe eis vo de Ching heichööm.

«I bi früecher mängisch amene Oobe o schnäu heicho, masch di no bsinne, Mueter? I hätt e chly wöuue brichte u ds Härz usschütte. Aber du hesch gäng nume mit haubem Ohr zueglost. Dr Fernseh isch glüffe, mängisch dr Radio o no grad u dr Vatter het derzue no Zytig gläse.

Wen i de gäge di Zähne bi ufbroche, bisch no hurti i dr Fyschteri i Garte gschprunge, öppe e Bluemchöhli u ne Salat go reiche; dihr heigit sowiso zviiu, u dermit hesch dys schlächte Gwüsse chönne beruehige.

Du hesch nämlech scho gwüsst, dass i Sorge ha, zäntnerschwäri. Nume hei si dr nid i dys Wäutbiud passt u du bisch lieber i Garte gschprunge u hesch mer aus cheibs ypackt. ‹Häb de Sorg bim Heifahre›, hesch mer aube no nochegrüeft.»

Auwä han i Sorg ha, i bi gäng gfahre wine Aff! Am Oobe spät sy d Stroosse fasch läär gsi u die, wo mi i dr Fyschteri hei gseh verbyfahre, hei ddänkt, das syg wider eine vo dene junge Schnuufer, sone Nüütnutz, wo nume uf Vatters Portemonnaie umerütschi.

Was hätt si ächt ddänkt, we si gseh hätt, wär würklech am Stüür hocket u bi däm Rennfahrertämpo d Wuet probiert loszwärde. E jungi Frou, deheime drü Ching u ne Maa, wo gäng meh bruucht aus er verdienet u derby no meint, är syg e Stygg.

I bi jedesmou guet heicho, nume einisch isch mer eine nochegfahre, het gäng chly meh Gas ggä u mi zoberscht am Stutz gmacht z haute. «So, itz hesch dr Dräck», han i ddänkt, «dasmou gits tüürs Gmües!»

Statt emene Polizischt isch du sone chlyne Mändu usgschtige. Itz heig är doch wöuue luege, was ii do fürne schnäue Wage heig. E chly verdatteret han i du di letschti Kurve süüferliger gno u ddänkt, es syg äuwä Zyt, wider so z tue, wis d Mueter vo mer erwarti.

I bi mit mym Gmüeschorb grad i d Chuchi u ha dä schön Bluemchöhli hurti blanschiert. So han i de zmornderisch weniger müesse pressiere, wen i uspumpet vom Büro bi heicho u ds Mittag scho hätt söuue härezouberet sy.

My Maa isch wi gäng vorem Fernseh ghocket un ii bi i ds Bett go läse. Si hei zwar myner Büecher nid chönne verputze, üser deheime nid u my Maa no viiu weniger. «Itz chumm doch dä Krimi cho luege», hets de öppe us dr Stube töönt. Es ungrads Mou bin i de ggange, aber i ha ds Muu nie chönne haute u gäng scho zum voruus gseit, wis usechööm.

«Gsehsch Mueter, do hesch dus doch gäbiger gha. Dr Vatter isch amene Oobe viiu furt gsi, irgendsone Kommission oder e Verein het e Sitzig gha, oder de isch er go jasse. Aber de aube das Theater, bis dä syner sibe Sache het binang gha!

Aus het müesse traabe u ohni dy hätt dä sech gar nid chönne aalege! Wen er de äntlech isch fertig gsi, het er bhouptet, d Hose syg nid suber gnue u zweeni böglet.

Derby han i säuber gseh, wi du se hingerusse ufem Tischli ungerem Pfluuemeböimli mit Salmiaktgeischt bürschtet hesch u nid Rueh gloo, bis dr hingerscht Chüedräckfläcke usggange isch.

Däm Vatter het me doch nie öppis chönne rächt mache! I söu hurti überuche go ds Blöckli reiche ufem Nachttischli u ds Portemonnaie us dr Schublade, het er mi aagfahre. I bi abtraabet u ha im Husgang grad ds Dienschtmeitschi troffe, won ihm di putzte Schue bbroocht het; aber es sy di lätze gsi. Öb ii de öppe chööm, hets ungeruche töönt. I ha im Verbygang no hurti es Hüseli vo Vatters Frigor usem Nachttisch-Schublädli gschnouset u bi nächhär tifig ds Stägegländer abgrütscht.

Genau ds glyche Gschtüürm het my Maa o abgloo, nume han i de kes Dienschtmeitschi gha. We mer i d Ferie sy, han i föif Ggofere packt, sider wüu är mit Müeh u Not syner Cigarette u d Landcharte umständlech im Outo verstouet het.

Weisch waas, Mueter, do hei mer eine vo üsne Fähler gmacht! Meinsch öppe, üser Manne wär blutt i d Wirtschaft ggange u hätt ohni üüs ihrer Chleider nid gfunge? Chasch dänke! Di hein is schön verwüüscht! Nüüt aus e Zwängerei isch das gsi. Wi chlyni Ching hei si gschtämpfelet u di Hiufloose gschpiut. Derfür hei si de aube i dr Wirtschaft d Heude füregchehrt u dr Wirti schöni Ouge gmacht. Uswärts hei si too, wi we si kes Wässerli chönnt trüebe u derfür deheim ihrer Soulüün a üüs usgloo.

U mir hein is das lo biete! Johrelang. Em Fride zlieb, e de Ching zlieb u äbe, was würd o d Lüt säge?

Gäu Mueter, was hätt ächt d Lüt gseit, we mer einestags mit de Ching uuf u dervo wär? Jäh, u was hätt ächt de d Lüt gseit, we mer d Ching hätt im Stich gloo u mit emene angere druus wär? Säg itz nid, a so öppis heigsch du nie ddänkt! ‹Treu bis in den Tod.› Jo, jo, das stimmt, mi hätt di Tröiji bimene Hoor umbbroocht, u di het si verbitteret. ‹Mourir d'aimer›, säge d Franzose, aber das isch de nid ds glyche, wi we me umzverrode wott tröi blybe.

Gäu, we de einisch d Zyt isch cho u mir müesse stärbe, blybe mer de deheime i üsem Bett. Nume nid öppe i ds Spitau u z dänke, mi müessti no so a Schlüüch u Apparät hange! U de das Gschleipf, bis de so imene Spitau im Bett wärsch.

Zersch muesch afe im Gang usse e ewigi Lengi warte. Nächhär e himulänge Facku usfüue, de heisst di es früntlechs Fröilein i nes Büro yche u tippet das ganze Züüg i Computer. De überchunnsch es Plaquettli mit dym Name druffe u nächhär chasch wider i Gang use go warte. U warte u warte, bis de äntlech e Schweschter chunnt u di i nes Zimmer füehrt.

We de meinsch, itz heigsch äntlech Rueh, hesch di tosche. Zersch wird no dr Bluetdruck gmässe u Bluet gnoh, nächhär frogt di d Schweschter aus das, wo scho drü Mou em Dokter verzeut hesch gha. Nächhär cha me de mynetwäge stärbe. Aber joo nid vorhär! Zwüschefäu hei si de i de Spitäler nid gärn u de scho gar nid, we dr nigu-nagu-nöi Oberarzt zerschtmou uf dr Abteilig isch u grad mit de Oberschweschtere wott Ggaffee trinke.

Drum blybe mir zum Stärbe gschyder deheime. Mir schlooffe am Oobe wi gäng gäge di Zähne y u erwache am Morge eifach nümme. Säg itz nid, du chönnisch sowiso nie schlooffe u studiersch haub Nächt lang a auem Mügleche ume! Lue Mueter, mir müesse langsam lehre, zur Rueh z cho, müesse d Häng aubeneinisch i d Schoss lege u di angere lo fuschte.

We du es ungrads Mou vorem Huus hockisch, muesch äbe de blybe hocke u nid gäng ufjucke, wen im Garte es Gjättstüdeli gsehsch. Meinsch öppe, di göi de dir zlieb go jätte, we du einisch nümme do bisch? Oder meinsch, my Tochter putzi de ihrne Ching d Nase chly flyssiger, nume, wüu i das Gschnüürfu uf dr Latte ha?

Chasch dänke, Mueter, ohni üüs chöme die o z Gang. Sy mer ne de nid gueti Müettere gsi u hei se glehrt, sech nach dr Dechi z strecke?

Was seisch itz, i söu nid so abschetzig vom Stärbe rede, über ds Stärbe red en aaständige Mönsch nid, für das heig me e Gloube, scho wägem Pfarer, wo doch so schön predigi.

Weisch Mueter, mit däm Gloube isch das eso e Sach: mi sött äbe o wüsse, was me gloubt. E de Pfärer geits wi de Dökter. Aus, wo si uf dr Universität ghört hei, isch das, wo ihrer Profässer gloube. Aber öb si das, wo si gloube, o wüessi, das steit de ufemene angere Blatt gschribe u bruucht e chly meh Ysatz aus gueti Noote i dr Schueu oder e yflussryche Vatter. I wett, die, wo johrelang au di gschyde Sache uswändig glehrt hei, müessti zersch afe es Chehrli e ganz e gwöhnlechi Arbeit mache. Vilech wüsst si de nächhär besser, a waas si söu gloube, würdi de Büecher weniger troue u sech meh uf ihre gsung Mönscheverstang verloo, aus uf ihre Doktertitu.»

So, itz chunnt ds Chiuchli dra. Han i itz e Müeh, dä Turm grad dryzdrücke. Aber so gnau mues es o gar nid sy, mir sy hie nid i dr Schwyz. Isch ächt grad Predig, di grossi Bogetüür isch zue. Überhoupt isches stiu i däm Dörfli, emänt mache si grad Siesta.

«Siesta, das isch ds Glyche, wi we du am Mittag chly geisch go ablige. Früecher hets nume für ds Mannevouch Siesta ggä. Sider wüu dr Vatter u d Chnächte im Stübli oder im Tenn tööset hei, hei mir Froue müesse abwäsche. Eh, wi han i aube das heisse, fettige Abwäschwasser ghasset! U we me äntlech gmeint het, mi syg fertig, sy no di ruessige Pfanne dräckig desumegschtange u im Wasserschiff hets kes heisses Wasser meh gha.

Gäu Mueter, mi cha sech gar nümm vorsteuue, wi me das aus gmacht het: ohni Böiler, ohni Wöschmaschine. Di hüttige Froue müesste eigetlech viiu, viiu meh freiji Zyt ha. Aber ne-nei, hütt het me weniger Zyt aus früecher u a aune Orte isch es Ghascht un es Gjufu. Mi hets verlehrt, mitenang z rede, gschpürt nümm, wes em angere schlächt geit.»

Do i däm verschlooffene Dörfli geits äbe no gmüetlech zue. Es isch nid nume d Wermi, wo d Lüt so ganz angersch macht aus mir sy. Es isch vor auuem ds Meer, wo eim sy Rytmus ufzwingt. I ghöres grad ruusche, gschpüre di sauzigi Luft, es chunnt u geit u geit u chunnt. Ebbe u Fluet, mängisch stercher, mängisch schwecher, je nach däm, öb dr Mond zue- oder abnimmt. Mi dünkts gäng, am Meer nide syg me em Himu nööcher aus zoberscht ufemene Zwöituusiger obe.

«O Mueter, wen i dir doch nume einisch ds Meer hätt chönne zeige! Das het e Farb, du chasch dirs nid vorsteuue. Einisch isches flach u häugrau, de wider krüselet u so blau wi dy Rittersporn im Garte, de mängisch überchunnts dunkublauui Fläcke, foot gäng lütter aafo muurmle, wird grüen u nächhär chöme hööchi Wäuue mit schneewysse Schuumchrone un es tooset u orgelet, dass me meint, d Wäut göi unger.

So ganz eleini am Strand zhocke tuet eim guet. Ds Meer redt mit eim, mahnet, mi söu chly weniger jufle u meh uf ds Härz lose.

Einisch bin i o am Meer i de Ferie gsi. Eleini. So imene grosse Hotelchaschte, wo me sech zersch verlüffe het. Es het scho Muet bbruucht, i däm riisige Spyssaau sy Platz go z sueche. U wos amene Oobe het Husball ggä, bin i lang i mym Zimmer ghocket, ha vo wytems dr Musig zueglost u gwährweiset, öb i ächt wöu achego. Äntlech han i mi chönne ufraffe, ha mys Härz i beid Häng gnoh, bi yche i di grossi Halle, ha nid linggs u nid rächts gluegt u imene Egge näbere Frou Platz gnoh. D Musig het wider aafo spile u plötzlech steit e Maa vor mer u frogt mi für z Tanze. Mi nähm wunger, wi dä Ängländer dohäre chööm, han i gschtudiert. Es isch du gar kene gsi u mir hei gly gmerkt, dass mer besser Dütsch chöi aus Änglisch. Di haubi Nacht düre hei mer tanzet u zmorndrischt am Strand gfulänzet. Am Oobe sy mer in es Fischerbeizli go z Nacht ässe. D Chäuner hei sech nach jedem Service diskret zrüggzoge u gmeint, mir syg es Hochzytspärli.

Steu dr einisch vor, Mueter, nach so mängem Johr Ehe äntlech uf dr Hochzytsreis u de no mitemene frömde Maa!

I weiss scho, dass itz d Häng überem Chopf zämeschloosch, di ergeuschterisch u seisch, du heigsches gäng ddänkt, mit mir chööms nid guet use.

I ha mi mängisch gfrogt, warum du o gäng so truurig sygsch. Wen i gsunge ha oder übermüetig too, hesch mi sträng aaglugt u gseit, usem Lächli chööm es Bächli. I ha das nie begriffe, o nid, we mer dr Vatter gseit het, i syg es Ängeli mitemene Be vordraa. Waas Be, han i de aube gwährweiset, Tüüfeli schrybt me doch mitemene Te!

I hätt gäng gärn wöuue wüsse, wohär i eigetlech chööm, wo me vorhär syg gsi. ‹Hingerem Mond bisch gsi›, het üse Chnächt einisch gseit u derzue hingerlischtig glachet. Das han i nid gloubt u wyter bboret. – ‹Nenei, du bisch em Tüüfu abem Chare gheit, won er ds Grauhouz abgfahre isch.› Wou Mäu, itz han i ufghört, d Lüt usfrooge! U ds nöchschtmou, wo mer sy i Waud ggange, han i d Hole dert hinger dr Linde gnauer aagluegt. Waas, söfu stotzig, dass mir das nid meh gmacht het, i hätt jo chönne stärbe, han i mi verwungeret.

Warum müesse sech di chlyne Ching vo de grosse Lüt o aus lo gfauue?

Das han i mi o mängisch gfrogt, wen ig i üsem Spitau di winzige Gschöpfli i de Bruetchäschte gseh ha. Di Bebeeli hei mi gäng schuderhaft tuuret u einisch han i zu eim vo dene Dökter gseit, öb är o scho dra ddänkt heig, dass es settigs Ching vilech spöter Müeh heig, dr Rank z finge. Das syg Schicksau, het er mer hochnäsig zur Antwort ggä.

So, so, we me nümm wyter weis, isch es Schicksau; früecher ischs dr Herrgott gsi.

I bi toube worde. Itz het dä söfu lang gschtudiert u weis nüüt bessersch, aus mer e settigi fadeschynigi Antwort z ggä!

Jo, jo, Mueter, du hesch rächt, früecher ischs gwüss i mängem besser gsi. Soncs Früehgebürtli hätt üser Grosmüettere eifach i ds Ofeguggeli bettet un ihm aupott es Löffeli Fänchutee ygschüttet. Gloubsch, es isch ihm dert wöhler gsi, aus dene hüttzutag i somene uheimelige Glaschaschte inne. Im Ofeguggeli hets doch d Mueter gäng ghört, het ihrer Häng gschpüürt. Visite isch cho u het das chlyne Pärsöndli bewunderet. Das syg de es härzigs Schätzeli, hei si de öppe gseit, das wachsi de scho, mi mües nume Geduld ha.

I wott itz nid säge, di Schweschtere heig mit dene Isoletteching ke Geduld u Dökter gäb sech nid Müeh. Aber di arme Gschöpfli hei doch dert inne Längizyti! Chuum sy si uf dr Wäut, müesse si scho Längizyti ha, wi we me de spöter nid no gnue hätt.

No meh Chummer mache mer di Froue mit ihrne chranke Brüscht! Wägem chlynschte Dingeli wärde si ne eifach wägoperiert. U wüu di Froue so verschüchteret sy, lö si sech das lo gfauue u meine no, esone Radikaloperation lösi auui Problem u vor däm schreckleche Chräbs heig me nächhär für auui Zyte Rueh.

Begryfsch itz, Mueter, dass mer di Staatssteu uf d Seeu drückt het. Das Gsundheitswäse cha eim chrank mache. D Medizin isch inere Sackgass inne, nume wotts niemer zuegä.

U mir Froue müesse äntlech lehre, dass mer o öpper sy u nid nume derzue do, em Maa u de Ching ds Läbe so aagnähm wi müglech z mache. Es längt nid, we mer e gueti Mueter sy. Mir müesse o lehre, e bösi Mueter z sy u aubeneinisch nei säge.

Wi mängisch han i di ghöre süüfzge. Wen i gfrogt ha, was de heigsch, isch jedesmou di glychi Antwort cho: ‹He nüüt› u du hesch wyter a üsem nidere Füüröfeli i dr Suppe grüehrt u ufpasst, dass si nid überchochi. Süsch hätt de dr Vatter wider öppis gha z fluehe.

Eh, wi het dä aube chönne tue, wen einisch öppis aabrännet oder übergchochet isch! Us jeder Flöige het er e Elefant gmacht. Du hesch doch gäng so guet gchochet, u das isch i dene Zyte nid eifach gsi.

Aber dr Vatter het doch gäng öppis gha z rämple. Entweder isch ds Suppefleisch nid ling gsi oder zweni chüschtig, de wider versauze oder süsch ömu de vom lätze Bitz Fleisch. ‹Was Heilanddonners het öich dä Metzger ächt wider aaghänkt, das wird mer e urauti Chue sy gsi›, het er de losgloo u di derby aagluegt, wi wen er di grad wett frässe.

Ds glyche Theater het my Maa mit syne verflixte Spiegueier gmacht, won er zu aune Tages- u Nachtzyte wöuue het. Einisch sy si zweeni bbrate gsi u einisch zviiu. Einisch het dr Pfäffer gfäut u ds angermou hätti meh Sauz söuue dratue. I ha spöter johrelang kener Spiegueier meh chönne ässe, soo han i e Gruuse gha. Warum zum Gugger sy mir o gäng so fridlech gsi u hei das Gschtüürm vom Suppefleisch u de Spiegueier uf üsi Chappe gnoh? Wiso hei mer ne nid einisch ds Täuuer samt däm Züüg a Gring gschosse? Was meinsch, wi die nach Luft gschnappet hätt. Üsne Nöörgeler wär de vilech ds Stüürme fürne Chehr vergange u mir hätt wenigschtens einisch too, wines is isch z Muet gsi. Mit üsem Schlichte u Täsele hei mer di Muetersühndli nume no meh verwöhnt u üser Buebe sy ufem beschte Wäg gsi, o so z wärde. Wi hätt si o söuue es angersch Biud vo dr Frou übercho, we si ihrer Müettere nume hei ghöre süüfzge u gseh lyde?

Üser Ching hei scho rächt, di Bluemestrüüs am Muetertag sy so richtigi Hüüchlerbäse, ömu i dene Familie, wo eis nume nimmt u ds angere meint, es mües gäng gä.»

Wo söui itz das chlyne, bruune Hüsli no härepflaschtere? Eh, vilech do näbe d Villa. Di müesse doch es Gäschtehuus ha. Emänt hei si sogar e Diener, wo aube mit wysse Häntsche a dr Tüüre steit u mit styffem Rügge dür d Halle stouziert für dr Signora e Bsuech aazmäude.

«Bsinsch di no, Mueter, wo mir während em Chrieg hei Internierti gha? Zersch isch e Poou cho. Dä het is gäng d Foto vo sym Meiteli zeigt. Es isch im Sunndigröckli uf emene Schooffähli gschtange u het mit grosse Ouge unger emene Pageschnitt füregluegt. Nächhär sy zwee Franzose cho, dr Bec u dr Blanc. Di hein is gäng wöuue angscht mache u bhouptet, d Flüger, wo grad obedüre flügi, löi Bombe ache.

Am liebschte hei mer dr Georges gha; me het gmerkt, dass er us guetem Huus isch cho. Si hei deheim z Verona es Schuegschäft gha, er isch dr einzig Suhn gsi u het e französische Vorname gha: Georges u nid öppe Giorgio.

Am Oobe hei mer aube mit ihm Blingi Chue gmacht oder süsch öppis gschpiut. Mängisch het er probiert, us üsne Schueubüecher z läse. Das isch de aube es Goudi gsi, wen er müehseelig di schwirige Wörter zämegschtagglet het. Mir hei ne de gäng korrigiert u syn is gross vorcho derby.

Einisch amene schöne Tag het dr Georges ganz fürchterlech Buuchweh übercho. Weisch no, Mueter, wi du di geergeret hesch, wüu mer dr Kompaniearzt hei müesse lo cho u nid üse Dokter hei dörfe ha.

I gseh dä gschniglet Heer no hütt d Stäge uuf i ds Chnächtestübli go. Am meischte Ydruck hei mer syner Läderhäntsche gmacht. Er het nume dr rächt abzoge gha u dä gäng fescht i syr lingge Hang bhaute. Wo dun ihm uf Französisch hesch wöuue bybringe, dr Georges mües unbedingt i ds Spitau, het di dä Möff nume borniert aagluegt u gseit, är chööm de morn wider verby. Am angere Tag het me dä arm Georges äntlech i ds Spitau too. Platzte Blinddarm. D Operation wär no guet verbyggange, aber es paar Tag spöter hets dr Georges vor Durscht nümm usghaute u isch i sym Fieberwahn am Lavabo go Wasser trinke. A däm isch er du gschtorbe.

Mir hei ne uf üsem proteschtantische Friedhof beärdiget u wen i aube amene Samschtig de Grosseutere ha müesse es Puggee go uf ds Grab tue, het dr Georges o gäng es paar Blüemli übercho. Hingernoche isch du uscho, dass dä grossploderig Kompaniearzt gar ke richtige isch gsi; är heig sech sy Titu mit gschtolene Papier zuegleit gha.

Aber am beschte het mer dr Angelo gfauue. I weis no hütt, win er usgseh het. E richtige Lombard isch das gsi. Blondi Hoor, e bruune Täng u grau-grüeni Ouge wi Edusteine. Wär weis, vilech ischs dym Georges glych besser ggange aus mym Angelo. Das syg doch e Faschist, het üse Vatter gäng gseit, dä wärd grad erschosse, wen er über d Gränze chööm. Einestags isches so wyt gsi: dr Angelo het wider nach Italie zrügg müesse u mir hei niemeh öppis von ihm ghört.

Lue du itz, wi das es luschtigs Dörfli worde isch! Itz sötti nume no d Böim u d Räbbärge male, aber i troue der Farb nid, si isch dick u harzig. We das nume nid es Gschlaarg git u mer ds ganze Dörfli vertüüflet!

Eh mou, das glycht emene Oliveboum, u do uf di zwe Höger chöme Räbbärge. Usem Schiuf flüge grad drei Änte uuf u ume Chiuchturm ume jage d Schwaubeli de Mugge noche. Für d Zypresse mues i chly Schwarz i ds Grüen tue, u fertig isch di italiänischi Landschaft.»

Es isch o höchschti Zyt! Übermorn chunnt e Huufe Visite us dr Schwyz. My Tochter mitem Maa u de zwöi Meiteli. I fröije mi! Aus isch zwäg. Ds Chinderbettli gsunnet u früsch aazoge, d Päckli gmacht u d Tuurte bschteut. Ds Nina wird grad zwöijährig. I gseh di zwöi Meiteli scho i dr Badwanne hocke u chosle. Ds Aline wird de wöuue wüsse, wär do aus i dene Hüsli wohni.

«Gäu Mueter, du hesch di aube o gfröit, we d Grossching si z Visite cho. Mi cha se chly verwöhne u ne mängs düreloo, wo me bi de eigete Ching nid tolet hätt. Hesch es scho vernoh, uf d Wienacht überchöme si i dr Bruuchere wider es Bebeeli u vilech chunnt das z Luzärn o no grad denn! Das gäb es Fescht! De wirsch du grad zwöimou Urgrossmueter, fröisch di?»

Ds französische Nummero

Eigetlech hätti mys Outo gschyder no lo prüeffe, bevor i uf Paris bi ggange, es wär sowiso baau noche gsi. Aber wüu i um aus, wo nach Verwautig u Behörde schmöckt, e grosse Boge mache, han is losy u ddänkt, ds Strooseverchehrsamt mäud sech de scho, wen es öppis vo mer wöu.

Mit mym Roschthuufe chööm i sowiso nümm düre, hei mi myner Lüt gheukt.

I wüss gar nid, vo waas si redi, han i schynheilig too u d Löcher überem lingge Rad mit de gröschte Himugüegelichläber verdeckt, won i gfunge ha. So isch mys Wägeli wider aerodynamischer gsi u di Chäferli bringe ersch no Glück.

Änts Oktober hei mer d Nachberlüt gschribe, wo mer gäng Poscht nocheschicke, si heig de di Yladig vom Strooseverchehrsamt grad erlediget u dene Here mitteilt, i chönn itz nid cho ds Outo prüefe, i syg ufere Wäutreis. De wärdi haut de im Früelig ufbbotte, heig si gseit.

Tipp-topp, han i ddänkt, so umsichtigi Nachbere mües me ha u bis im Früelig göngs jo no lang.

Aber scho im Jänner isch e Brief cho vo Bärn, i mües sofort cho ds Outo steuue. I bi mit Fieber im Bett gläge u hätt nid gwüsst, win i bi däm Schnee uf Bärn chääm.

Wis de wär, wen i französischi Nummero hätt, han

i ei Tag dr Gérard gfrogt. Das syg sicher eifacher weder i dr Schwyz u hie mach si de ömu nid esones Gheije wägem Roscht. Won i himües, für das z regle, wüs er zwar nid, aber Sach syg das sicher e keni.

I dr «Mairie» obe han i vernoh, für das mües me i d Préfecture.

Es isch e chaute Wintertag gsi, d Bise het zoge wi nid gschyd, u won i vor däm Amtshuus di himulängi Schlange ha gseh, bin i grad wider heiggange. Es paar Tag spöter han is du besser preicht u i däm wytlöiffige Geböid sogar dr Schauter für d «Carte grise» gfunge.

Aber dert han i meh aus zwo Stung müesse warte u dä Heer vor mir het mer verzeut, är chööm itz scho drü Johr dohäre u di Gschicht wäge sym Outo, wo bimene Unglück Totauschade gmacht heig, syg gäng no nid erlediget, wüu me jedesmou wider es nöis Papier, e nöiji Bestätigung verlangi. Itz heig er äntlech aus binang u hütt wärds erlediget. Het dä guet Maa gmeint.

Die hingerem Schauter si angerer Meinig gsi, dä Maa het aafo schwitze, isch ine Sach ychecho u het zletscht e regurächti Närvekrise gmacht.

Momou, das cha jo luschtig wärde, han i ddänkt u won i äntlech bi dracho, han i gar nümm rächt gwüsst, was i eigetlech wöu. Mys Sprüchli, won i so schön ha zwäggleit gha, isch wi wäggwüscht gsi. I mües do dä Facku usfüeue u ufene Zedu schrybe, warum ii ds Frankrych wöu Outofahre, nächhär uf ds Zouamt u de wider cho. Das isch aus gsi, u für das han i e haube Nomittag bbruucht.

De göi i gschyder scho am Morge ufe Zou, han i mer gseit, es heig denn weniger Lüt. Aber won i bi dert häre cho, hei di Here hingerem Schauter grad ds Längs u Breits überleit, was si hütt z Znüüni wöu.

Äntlech het mi eine gfrogt, was i wöu, u chly mitleidig mym Gschtaggu zuegglost, nächhär het er das Formular, won i mitbbroocht ha, churz aagluegt u isch zum Büro uus.

I ha gwartet u gwartet u nachere Haubstung di angere gfrogt, wo ächt dä Heer syg. Dä chööm de scho wider, är syg nume go Znüüni chouffe.

«So, so, dihr weit z Paris desumefahre, gfauts nech de i dr Schwyz nümm», het er mi gfrogt, won er äntlech het aafo usrächne, wiviiu Zou i mües zale. Er machs de gnädig, het er gseit, das syg jo es eufjährigs Outo. «U ersch none Franzos», han i umeggä. Das tüeng nüüt zur Sach, i syg mit däm Wage vo dr Schwyz härcho u das syg massgäbend.

Für dä Zou, won i ha müesse zale, hätti zwo Wuche föidaal chönne läbe un i bi mi scho röijig gsi, dass i mi ine settige Papierchrieg ha ygloo, wo söfu Zyt u Gäut choschtet. E Momänt han i draddänkt, das Charrli eifach z verchouffe, aber i ha mer das sofort wider usem Chopf gschlage. Mys guete Wägeli, my bescht Fründ, wo mit mer do i di frömdi Stadt isch cho, chan i doch nid wäggä, das brächt i nid über ds Härz.

«Ne-nei, häb nid angscht, i bhaute di», han i zuen ihm gseit, «di paar Hundert Francs bisch mer de schliesslech wärt. Du muesch mit mir aut wärde, i chönnts nid verlyde, we zletscht no so vomene Roudi zbodegfahre würdsch.»

Bevor i wider uf d Préfecture göi, söu i de zersch no bi dr Regie Renault e Bestätigung verlange, dass das Outo vo ihne syg fabriziert worde, het mer dä vom Zou gseit. Vo wäm ächt süsch, han i ddänkt u dä Mändu chly bös aagluegt.

Uf Umwäge han i de ds Telefon vo dr Regie Renault usegfunge u «von oben herab» het mer dert eine mitemene unwahrschynlech schnäuue Französisch i Hörer ychegschnäderet, i mües ne e Scheck vo vierhundert Francs schicke u di zwöi Nummero ufschrybe, wo unger dr Motorhube uf dr Radchappe syg u das aus nach «Robänso» schicke.

«Robänso», was cheibs söu itz das heisse, das isch doch nid Französisch! I ha mitem beschte Wiuue nid gwüsst, won ii dä Scheck söu häreschicke u ha, wou oder übu, däm Maa no einisch müesse aalüte. Das Mou isch er du chly früntlecher gsi u het mer das Robänso buechstabiert. Robinson, das isch jo grad wi Robinson! Ehduauso, das ii das nid verstange ha!

«Excusez-moi, Monsieur et merci beaucoup», han i gseit u gleitig abghänkt.

Syder isch wider es Schrybe vo Bärn cho, i söu mys Outo cho steuue. Un i ha ne zum zwöite Mou gschribe, i überchööm grad französischi Nummero, si söu no chly Geduld ha. Jäh-jo, Geduld hets bbruucht u auwä meh Zyt fürnes Nummero z ergattere aus es Outo z fabriziere.

Nach vier Wuche äntlech, isch Bscheid cho vo de Renault, mys Outo syg tatsächlech bi ihne gmacht worde, aber i mües no gäubi Lampe ha.

Wes nume das isch, han i ddänkt un i bi i di nöchschti Renault-Garage ggange. So öppis heig si nid, i söu i d Jean-Jaurès füre. Dert hei si mi wider es Huus wyter gschickt u die hei mer du dr Wäg zeigt zur Porte Pantin übere, i ds Ersatzteillager. Ds glyche Theater han i gha, wo mer es paar Tag spöter eine bim Parkiere ds Schybli vomene Positionsliecht verheit het. Wüu das nones auts, viereggigs isch gsi u me itz nöijerdings abgrundeti het, han i o wäge däm Bitzeli Glas vo Pontius zu Pilatus müesse.

Nächhär bin i wider i d Préfecture go Schlange stoh.

Öppe i vierzäh Tag chönn i de uf ds Büro soundso go nes Rendezvous abmache für ds Outo z prüeffe. Nach zwone Wuche bin i tatsächlech im richtige Büro gschtange u gmeint, itz syg i mym Ziiu scho nööcher. Di Bürofrou het o sofort mys Dossier gfunge u gseit, si lüti mer de aa, wenn i chönn go. Wiso seit itz die «go» statt «cho», han i gwährweiset, aber nid dörfe fruge, warum. Je länger i mit dene Beamte u Bürogumine ha z tüe gha, je meh han i se gschoche u ständig bin ig i eir Angscht inne gsi, es chönnt eim wider es nöis Formular z Sinn cho, won i mües usfüuue, u vou Verständnis han i a dä Maa ddänkt, wo denn im Jänner i dr Préfecture fasch i Ohnmacht gheit isch.

Es isch scho Merze gsi u a dr Oschtere han i uf Bärn wöuue, mit em nöije Nummero wouverstange!

«Was doch di Franzose für Schleipftröög sy», han i myner Fründe aazüntet, «u uf öich cha me sech o nüüt verloo.»

Öb er itz gseh heig, wi das e ke Sach syg, han i dr Gérard aaghässelet u beschlosse, dene mach i afe nümm aupott Birchermüesli.

Um ke Prys hätt i im Jänner öpper gfunge, wo mer genau hätt chönne erkläre, was me do aus mües aasteuue, bis me es nöis Nummero heig. Das weis hie z Paris niemmer! I jedem Büro wüsse si nume grad söfu win es bbruucht, dass si das Dossier chöi ine angeri Abteilig abschiebe, meh nid. Derzue chunnt di sprichwörtlechi Arroganz vo de Pariser. Im Stiuue han i üsi gueti, auti Bärnerverwautig lo hööchläbe.

Äntlech isch ds Ufgebot cho füre «Contrôle technique» unes Pländli derzue won i mües dürefahre. Nach Marne-la-Vallée han i müesse u bi vor lutter Schiss, i verwütschi de di vile Abzweigige nid, e ganzi Stung z früech losgfahre. I wär lieber drü Mou zum Zahnarzt ggange, aus mys Outo lo z prüefe.

Won i äntlech mit mym Wägeli uf däm Prüefstang obe bi gsi, hets mer jedesmou wehtoo, we dä Experte mys Charrli het gmacht z schüttle. Dä verheit mers myseeu no! Aus u ds Hingerschte isch examiniert worde, nume dr Roscht ischne glych gsi, d Houptsach, i heig es guets Horn!

Won i gfrogt ha, was itz das choschti u ds Portemonnaie füregno ha, het dä Experte abgwunke, Bargäut nähm er kes, i chönn de znöchscht Mou zale, i mües sowiso no einisch cho, di hingere Brämse syg nid «efficace», es choschti de ds Dopplete, i söu e Scheck mitbringe. Au revoir!

«Gottfriedstutzabenang», han i bim Heifahre gfluechet, «das ganze Gschtüürm no einisch! U du schlänggisch dys Füdle desume, win es jungs Meitli», han i mys Charrli aagmööget. «Wäge däm müesse mer itz no einisch do use cho, das isch jo ds Chaub gmacht!»

Stocksuur bin i heicho, ha dr Jean-Luc aapfiffe u gseit, a ihm heig me o ke Hiuf u di Franzose mach jo no ds grösere Gschys um di Chäre weder d Schwyzer.

«So wärsch doch i d Schwyz ggange», het er umeggä.

«Jawohl, a dr Oschtere gon i de u zwar mit emene nöije, schöne französische Nummero mitemene Eufi drinne han i so lut grüeft, dass es auui Ängeli ghört hei.

«Du mit dym Abergloube u dyne Eufi, petite sorcière!»

Am angere Tag han i mys Outo i d Garage bbroocht. Si hei di hingere Brämse nöi beleit u mer aagroote, d Kupplig o no grad z mache, bevor si dr Geischt ufgäb. Wen i nid so exakt würd schaute, wär si scho lang kabutt, het dr Garagier gseit. Das mit dr Kupplig han i scho lang gwüsst un i ha mi verwungeret, dass me das bi der grüntleche Expertise nid gmerkt het.

Hingäge mües i ufem Täfeli vom Motorenummero no ds Gwicht lo ystanze. Das stöi doch i dr Carte grise, han i gseit. Das syg nid ds Glyche, ds Frankrych heig me ds Gwicht dert u baschta!

U für das mües i itz äbe wider i d Porte Pantin, het mer my Garagist früntlech erklärt, är dörf a däm Täfeli nüüt verändere.

Auso bin i dert häre u nach langem Hin u Här het me mi zum Chef d'Atelier gfüehrt. Dä het mit dr Regie Renault telefoniert u die hein ihm gseit, i söu afe einisch vierhundert Francs schicke, de wöu me sech de um das Täfeli kümmere.

Do hets mit verjagt, un i ha plötzlech so schnäu Französisch chönne wi di Yheimische.

Dä Maa do vor mir, won i so aabrüelet ha, isch nidemou toube worde. Är het gseit, är begryf mi u das syg doch e Affeschang wi me hie mit de Lüt umgöi. Sobau das nöije Täfeli do syg, wöu er mer brichte u choschte tüengs natürlech nüüt.

Nach zäh Tag het mys aute Outo es guldiggglänzigs Täfeli gha un i ha wider chönne nochefroge, wenn ächt none Termin frei syg...

Am Karfrytig, am Morge am Zähni, han i wider söuue im Marne-la-Vallée sy u mi verfahre, dass es ke Gattig het gha. Hingeremene Brüggepfyler sy plötzlech drei Polizischte uftoucht u hei bhouptet, i syg z schnäu i d Houptstrooss yboge. Das han i ne usgredt u gseit, si würd mer gschyder dr Wäg zum Contrôle technique zeige, i syg sowiso scho viiu z spät.

Dert het me mys Outo wider vo zungerscht bis zoberscht prüeft, öb ächt mys Horn gäng no göi! I bi gsi wi uf Gufe, wüu i vor Büroschluss uf dr Préfecture ha müesse sy u gottlob dr Karfrytig hie e gwöhnleche Wärchtig isch. Em haubi drü bin i bi dr Cité us dr Metro cho u ne Viertustung vor Büroschluss han i mys nöije französische Nummero gha u natürlech mitemene Eufi!

We dr Schauter nid im Wäg wär gsi, wär i däm Heer gwüss grad ume Haus gfauue.

Nächhär bin ig i di nöchschti Garage gfahre, dert hei si mer hurti ds nöije Nummero gschtanzt u am Oobe han i heitelefoniert, i chööm de morn.

Am Oschterzyschti bin i zum Stroosseverchehrsamt usegfahre, ha myner Bärner-Nummero ungere Arm gchlemmt u bi d Stäge uuf, i das prächtige, subere, ultramoderne Bürohuus yche. I bi ganz verläge worde, ha gmeint, au Lüt lueg mi aa u wüu aus eso glänzt het, hets mi ddünkt, i sött myner aute Nummero myseeu no hurti chly abstoube. Bim hingerschte Schauter han i mi vo däm chlyne Bitz Bärn trennt un e früntlechi Frou het mer gseit, di zviiu zaute Stüüre schick si mer de.

Schäbig u chly isch dusse mys aute, verroschtete Outo näbe dene pützelete, glänzige Wäge gschtange.

Mir wei go, han i ddänkt, mir passe nid dohäre. I bi mer frömd vorcho u chly dernäbe, es isch mer gsi, wi wen i öppis verlore hätt.

«So, itz bisch französisch», han i bim Aalo zum mym Wägeli gseit.

«Aber fahre tuet di e Schwyzere, merk dr das!»

Les Halles

Die, wo bhoupte, das syg schön, wett i einisch gseh! Si müesst mer de erkläre, für waas di Tribhüser sy, wo dr Aaschyn mache, mi heig se nume fürne churzi Zyt dohäregschteut, öppe fürne Usstelig oder nume so zum Jux. Uf au Fäu han i nie ds Gfüeu, das uförmige Züüg us Glas u Stahl heig öppis mitere ärnschthafte Stadtplanig z tüe.

Won i mi zerscht Mou eleini i das Labyrinth vo Gäng u Stäge u Hööf gwagt ha, bin i öppe drü Mou gäng wider am glyche Ort dürecho u ha scho Angscht gha, i chööm überhoupt nümm use.

U das geit nid nume mir eso. Aupott wird me aaghoue u nachem Wäg gfrogt. Meischtens chan i nid Uskunft ggä, wüu i säuber nid weis, uf welem Stock i grad bi.

Wen ig i d Halles go, chunnts mer gäng vor, i göi ufene Wäutreis. Das foot scho im Gare du Nord aa. Vo dr Metro här mues me nach dr Stäge scharf rächts ha, am «Nez dans l'herbe» verby, e noble Lade mit Seife u Rasierpinsle, de übere gross Platz gäge ds chugurunde orangischge Hüsli, wo dä Maa gäng rüeft: «Un jus d'orange, Madame.» I winke jedesmou aab u säge, i heig grad es Ggaffee gha.

Dürne Billieschlöise chunnt me de zur Roustäge, wo zum R. E. R. abegeit, das isch e superschnäuui Untergrundbahn. I mues jedesmou ufpasse, dass i nid uf di fautschi Stäge stoh. Für was itz die mües verchehrt sy, han i ei Tag dr Jean-Luc aaghässelet. Do syg doch nüüt verchehrt, seit er. «Aber nid logisch», giben i ume, «die, wo ache geit, sött rächts sy u die, wo uche chunnt linggs u nid umgekehrt!»

«Du mit dir Logik», het dr Jean-Luc aafo lache u syner Ouge hei Stärndli übercho, «pass du gschider uf ds Täschli uuf u häb ds Billie fescht i dr Hang!»

Das Billie bruucht me de nämlech no, süsch chunnt me nümm us däm Syschtem use. We me vom R.E.R. i d Halles wott, mues me äbe sys Billie no einisch ine Schlitz stosse, dürne Schlöise düre u ersch denn geit änenoche ds Tüürli uuf. U die, wo ihres Ticket scho vorhär furtgschosse hei, überchöme de do aube Schwirigkeite oder mängisch fö si hie ersch rächt aa. Mi isch itz äbe i de Halles, vier Stöck ungerem Bode, un es isch nid jedermanns Sach, ungerirdisch go yzchouffe.

Är mües no hurti i d F.N.A.C. go Büecher chouffe, seit dr Jean-Luc. Hurti isch guet. Stungelang cha dä vo eir Abteilig zur angere i de Büecher umeschnöigge u mit ihm mache das Tuusigi angeri o. D F.N.A.C. isch es Eldorado für aus, wo mit Kommunikation zämehanget u we me es nöis Buech suecht oder e Schauplatte, geit me am gschidschte dert häre. Nume ii hautes nie lang uus dert inne un i schile gäng nachem Notusgang. Vier Stöck ungerem Bode, do bisch wi imene Dampfchocher inne, hesch ds Gfüeu, dr Techu syg hermetisch verriglet... nid dra z dänke, wens einisch ds Väntiiu verjagti! Do nide verlüürsch dr Kontakt mit dr Umwäut, weisch nümm, was unger u was obe isch u gschpüürsch di nümme.

Ne-nei, han i abgwehrt, i göi überuche, i wüs itz guet wo düre.

Im dritte Stock sy d Chleiderläde, Fringues i aune Pryslage, vom schäbigschte Hüdeli bis zum schigge Prêt-à-porter gits do aus. We me hüür wott «in» sy, chunnt me i Bermudas oder im Mini u we d Bei nümm schön gnue sy, imene dreistuefige Schüpp wine spanischi Tänzere.

Zwe jungi Trämper froge mi nach de «Toilettes»; das hätt i o gärn gwüsst.

I de obere Stöck vo de Halles chunnt Tageslliecht i das Bouwärk yche. Hööchi Glasloube, wo im Quadrat zunenangerlouffe, gä e grosse Platz.

Es isch drückig heiss dert usse, d Sunne bländet u aus isch wyss u siubergrau oder glesig. Ke einzige Farbtupf, nidemou i de Bluemechischtli, wo vorem Beizli stöh, hets öppis Grüens. I go chly d Stäge uche, wo do wi zuefelig mitts im Platz steit u der gschpässige Architektur einisch meh öppis Provisorisches git.

Drei jungi Italiänere sy am Fotografiere. Öbs ne hie gfau, frogen i. Jo, jo, dä Platz syg schön, aber innenoche: eifach furchtbar! Das dänke sicher o di zwe Gschäftshere, wo mit ihrne Aktetäsche i dr Hang ufgregt e Usgang sueche. Si wett dert übere, säge si, öb i nid wüss, wo dr nöchscht Wäg syg, si sött doch scho lang are Sitzig sy!

Das isch äbe das Verflixte i däm Irehuus: aus gseht glych uus u mi louft win es sturms Huen ringsetum u fingt z Loch nümm für use.

O ne Stock wyter obe sy d Ladestroosse läär. Do isch nume amene Samschtig Hochbetriib. D Verchöiffere i dr Boutique tänzelet mit chlyne, güebte Schritte im Lade ume u spienzlet ihri pfiffigi Aalegi. Es Jäggli, wo nid ganz bis zum Buuchnabu chunnt, derzue gschtreifleti Pluderhose un e länge, schwarze Mantu, wo bi jedem Schritt fröhlech hingernochefäcklet. Si luegt mi dür d Schybe düre chly fräch aa, wi si wett säge, i chääm o gschyder öppis cho chouffe.

Bim chinesische Restaurant hanget gäng no e Adväntschranz i dr Vitrine u dr Maa im Chocolat-Lade wartet vergäbe uf d Tourischte, wo e Eiffelturm us rosarotem, wyssem oder schwarzem Schoggola chönnt chouffe. Es Ehepaar suecht ganz ufgregt dr Chino un i bi stouz, dass i ne cha dr Wäg zeige.

D Roustäge gäge d Rue Lescot spickt eim ungeremene riisige Glaspiuz düre diräkt vore Polizeiposchte. Dert stöh gäng drei, vier Flics mit em Maschinegwehr im Aaschlag. O rund um d Halles zirkuliere gäng Patrulie, hie louft auergattig Vouk desume.

Itz wärde vier jungi Pursche aaghaute. Si müesse ihrer Uswyse abgä u eine vo dene Polizischte kontrolliert via Funkgrät, öb si nid öppe uf dr schwarze Lyschte stöi. Di Giele lö sech nid lo drusbringe u warte geduldig, bis si ihrer Papier wider hei.

Bim Brunne äne, la Fontaine des Innocents, hocke

die, wo nümm wüsse wohii, e Art Clochard, aber meischtens no bluetjung. I aute Läderjäggli u usgfransete Hose hocke si do, luege i ds Lääre, ghöre ds Wasser vo eim Becki i ds angere rünele u warte, bis Oobe isch, si warte u wüsse nid uf was! Mi het ke Ahnig, vo was si eigetlech läbe, säute gseht me se ässe, höchschtens amene Bierfläschli mämmele.

Es paar Schritt hingerdra, im «Café Costes», unger dr wysse Store u uf noble Stevensen-Stüeu, hocket d Crème de la Crème, ganz in schwarz, win es sech ghört, dr Blick e chly obsi, dass me ds Eländ bim Unschuldsbrunne äne nid gseij.

Im «Père Tranquille» isch gäng Betriib. Hie überchunnt me öppis für ds Gäut, chönnt me säge. Es Ggaffee choschtet meh aus ds Dopplete weder bi üüs im Nüünzähte. Derfür hesch ds ganze Theater um di ume gratis, mit Blick uf di Auerwäutshütte, di gschpässige Piuze, wo do us Glas u Stahl zum Bode usschiesse, di hööche Tribhüser, wo me nid rächt weis, öbs derhinger öppis Läbigs heig.

Hie, im «Père Tranquille», hocket aus, wo mit Mode u Haute Coiffure z tüe het. Dernäbe e Huufe Tourischte u de natürlech d Jeunesse dorée, win i dene säge. D Meitli auui zwüsche sächzäni u zwänzgi, grauschwarz-wyss aagleit u d Friise u ds Maggiaasch uf Usgang gschtäilet. Si zwitschere u zwatschere win e Kuppele Schwaubeli. Ihri einzigi Sorg isch ds «Imitsch» u was Nöis im Chino louffi. Gäut spiut ke Rouue, dr Vatter het gnue.

Aber no fasch meh aagwängt hei d Here, wo do zwüschinne hocke. Do isch nüüt vo lääsigem Stil, das isch todärnscht u si mache o settigi Gringe! Kunschtstück, bi däm Ufwand wo si hei, bis si so vornähm usgseh!

Eine vo dene Pinggle faut mer bsungersch uuf. «Ganz in Grau», es wysses Hemmli mit Stehchrage u statt emene Schlips es fyns, schwarzes Tüllschleierli. Är hocket do, wi wen er e Bäse gschlückt hätt. Aber das het sy Grund: sy schöni, häregchläbti Frisuur à la belle Epoque darf doch nid verrütsche! E schnuergraadi Scheitle u di gchläberige Hoor schön reieliwys uf d Syte gschträut. Wi mängisch het er ächt müesse aalöufe, bis das Wärk fotogeen gnue isch gsi?

Nid weniger Müeh ggä hei sech dert äne di föif Dame. Jedi schneewyss puderet, zündroti Müüler u roti Hoor. Zwee Tippe chöme derzue u di ganzi Gseuschaft bricht uuf. Vilech gö si anes Ort hii go fotografiere, i cha mer süsch nid vorsteuue, was me mitere settige Chriegsbemalig miech.

Vor mir hocket es Pärli. Si, e biudhübschi Asiatin mitere moderne Tschibüüli-Frisuur. Das mahnet mi ane schöne, stouze Chronkranich. O är passt nid schlächt «in die Gattung der Kraniche». Linggs u rächts vo de Ohre glatt rasiert, nächhär aus Übergang zwöi, drü fyni Züpfli, wis süsch d Afrikanere hei, u hingernoche offeni, längi Hoor bis uf d Schultere ache.

De gits no angeri Vögu, glatt rasiert, mutz über d Rüebe. Si luege gäng chly truurig dry.

Di drei Zürcher, wo itz näbe mir hei Platz gno, chöme ömu de o uf ihri Rächnig, dänken i u lache schadefröidig, wo eine seit: «Zwänzg Stutz für drüü Bierli, lääck mir.» Derfür strecke si au zäme grosszügig zäh Francs häre, wo dr Zytigsverchöiffer verbychunnt. Itz hocke si wäutmännisch do, blettere im «Le Monde» ume u tüe derglyche, wi we si das gschtochene Französisch verstiege. Eine nimmt sogar e chlyne Dictionnär usem Sack.

Zum Glück schynt d Sunne wider u di drei lege ihrer Zytige hantli zäme, lige chly hingere u gniesse d Weermi. Mi sött doch de chly Farb ha, we me wider deheime isch. I dr Glaswang vis-à-vis spiegle sech d Hüser u mi meint, mi hocki im Theater, u das vor üüs syg nüüt aus e grossi Kulisse.

«Ii finds schaurig leessig», seit eine, «und ersch na zaabig!» Jo, jo, ersch no am Oobe, dänken i. Heit de d Hüet, myner Here, u vor auuem ds Portemonnaie!

Zwe Clöön mache sech über d Passante luschtig, louffene hingernoche, spotte über jedi Geschte oder lige eifach vorne a Bode. Wen e Maa mitere Glatze verbychunnt, stoube sin ihm se hurti mit emene Pinsu aab. Mit em Stadtplan i dr Hang äffe si d Tourischte noche, luege gschtresst dry u tüe derglyche, si syg amene Orientierigslouf.

Mi het würklech mängisch ds Gfüeu, di Lüt, wo do us aune Here Länder chöme, mües imene unwahrschynleche Tämpo, u gäng schön nach Plan, dür d Stadt renne für das aus z gseh, wo i ihrem Füehrer steit.

Do nähs di Zürcher näbe mir gmüetlecher u sicher säge si de nöchschti Wuche z Züri i ihrer Stammbeiz: «Weisch na, z Paris, leessig isch es gsi, schaurig leessig.»

I go d Stäge uuf, uf di angeri Syte u luege uf dä Pseudo-Garte ache. Bluemebandeli wi Chuechebitze, schmaali Rasestreiffe, aus e chly z chlyn für ächt z würke. E breite Berberizehag u au drei Meter es rots Täfeli: Accès interdit.

Niene, aber gar niene e Bank oder e Stueu, nüüt aus e troschtlosi Lääri. De chly wyter hinger di gschpässige, grüene Garteloube, äuwä es «Hommage» a di früechere Halles. Das si hööchi, luftigi Pavillons gsi, wi grossi Rägeschirme. So isch dr Märit, wos dert früecher au Tag het gha, vor Sunne u Räge gschützt gsi.

Mit dr Zyt syg du di Halles z chlyn worde u mi heig dä Umschlagplatz für Konsumgüeter nach Rungis verleit. 1972 sy di schöne Pavillons i d Luft gschprängt worde, mi heig schynts ke angeri Löösig gfunge.

Das, wo hütt do steit, isch o ke Löösig.

I luege gäge Weschte, zu dene aute, heimelige Parischrüüser übere. D Sunne versteckt sech hinger de Wulche u zieht Wasser uuf. Mitts i der Glasmenagerie louft es schöns, autmödisches Rösslischpiu ringsetum. Aber win es o glänzt u glitzeret, es cha dä Ort hie nid romantischer mache.

«Domino, Domino, warum hast du so traurige Augen», liiret d Orgele wehmüetig.

Das han i mi o gfrogt, won i zu dr Roustäge füre cho bi u dert ungerem grosse Piuz, wo eim an e

Atombombe mahnet, di choleschwarz aagleite Lüt ha gseh.

Warum luegit dihr auui so truurig dry, warum leget dihr öich nume schwarz aa?

Vo zungersch bis zoberscht sy si schwarz: d Hoor, d Chleider, di hööche derbe Schue u mängisch no d Lippe u d Fingernegu. Nume ihrer Gsichter lüüchte wyss u chaut us däm fyschtere Rahme use.

I ihrne grosse, schwarze Mäntu hocke si do wi uheimeligi Chräije u ufene säutsami Art passe si zu däm Palascht us Glas u Stahl.

Ds Gheimnis

Won i öppe sächsjährig bi gsi, het mer my Gotte es Bäbi z Wienachte geschänkt. Es Bäbi, u de was für eis! Es richtigs Bebeeli isches gsi, mit Pfuusibäckli u blaue Glasouge, won es het chönne uuf- u zuetue.

Es het mer d Hängli entgägegschtreckt, wo i di grossi Trucke erwartigsvou ufto ha u mi aaglachet. I has a mi drückt, d Gotte aagschtrahlet u fasch nid chönne gloube, dass my sehnlechscht Wunsch isch in Erfüeuig ggange un ig itz es settigs schöns Bäbi heig. U win es de isch aagleit gsi! Nüüt het gfääut, d Gotte het a aus ddänkt gha: es Tschööpeli, Strampuhösli, es Chäppeli un es fyns, wysses Hemmeli mit Spitzeli.

I ha denn am Oobe lang nid chönne yschloffe u i dr Nacht bin i aupott erwachet u ha müesse luege, öb ds Bäbi ömu o gnue Platz heig. I has Eveli touft un es isch mys Liebschte worde. Jede Tag han is ufgnoh, früsch aagleit u gfuetteret. Wüu i Wingle bruucht ha, han i dr Mueter di wysse Naselümpe us dr Schublade gschtibitzt. U natürlech han i gäng müesse wösche, dr Vatter het no so chönne bauge wäge mym Gchöötz, mys Eveli het suberi Chleidli bbruucht.

Won i vom Götti no es wunderbar usgschtaffierts, höchrederigs Bäbiwägeli ha übercho, het nütmeh gfääut zu mym Glück. Wen i mys Bäbi im Arm ha gha, bin i z fride gsi, han ig mi verstange gfüeut. We d Mueter ke Zyt het gha für myner Sorge, em Eveli han i aus chönne verzeuue, dass het mer zueglost, stungelang. Am liebschte wär i mit mym Bäbiwägeli di ganzi Umgäbig go uskundschafte, aber dervoschwanze isch verbote gsi u wyter weder bis zum Moosgrebli ache han i nid dörfe. Dert bin i aube uf ds Brüggli ghocket, ha d Bei lo plampe, uf ds klare Wasser achegluegt, wo do zwüsche de mieschige Steine düregrünelet isch, u derzue uf my Gattig Französisch gredt. Ds Eveli het däm Palaver zueglost u brav gwartet, bis sech di Bäbimueter bsunne het, wider heizgo.

We mi myner Brüeder hei wöuue eergere, hei si mer ds Bäbi versteckt u einisch hei si mers sogar a eim Bei am Zwätschgeböimli ufghänkt. I ha toobet. Ds Eveli, mys liebe Eveli, däwä go z plooge! Au Schlämperlige han i ne nochegrüeft, aber die hei nume fräch glachet.

Ds Eveli isch o my gross Troscht gsi, won i mänge Monet ha müesse go kuure u vor Längizyti gäng chrenker worde bi. I bi so verschüchteret gsi, dass i mit keim Mönsch meh ha wöuue rede, nume mym Bäbi han i mys Leid gchlagt u mir hei aube am Oobe im Bett zäme usgrächnet, wiviiu schnäuer di Kur z Änd wär, we jede Monet nume achtezwänzg Tag hätt. Aber üsi Rächnig isch nid ufggange u mit dr Zyt han i d Hoffnig ufggä, ha nümm dragloubt, dass mi d Mueter wider chööm cho heireiche.

Einestags isch si du doch no cho. Ds Eveli a mi drückt, han i se unglöibig aagluegt, ha probiert, öppis z säge. Aber d Wort sy mer im Haus blybe stecke, i ha my Sprach verlore gha. O deheime han i gschwige, ha nüüt gha z verzeuue, nume mys Eveli het gwüsst, wiviiu Schlimms ig i däm Kurhuus erläbt ha. I ha mer gschwore, wen i einisch e Mueter syg, gäb ii de nie, nie eis vo myne Ching furt. U für z zeige, wi ärnscht es mer syg, han i mi no meh um mys Eveli gchümmeret weder vorhär u au Tag für ihns gchöcherlet u Wingle gwäsche.

Ds warme Wätter u ds Dusse-sy het du o derfür gsorget, dass i di strubi Kur im Jura obe vergässe ha.

Mys Gärteli het doch müesse gjättet sy u nöi aagsetzt u vor auuem um ds Beijihüsli ume het müesse ufgruumt sy. Beiji hets, solang i mi ha möge bsinne, kener dinnegha. Das Hüsli isch nume no zur Garnitur dogschtange u het mit de Mertrübelistöck, wo em Garte noo e dicke Haag hei gmacht, e schöne, hiube Egge gä, grad gross gnue für z «Müeterle». I ha mi dert mit mym Bäbi stungelang chönne vertöörle.

D Brättli vor de Fluglöcher sy je nach däm, was i grad gschpiut ha, dr Chuchischaft gsi, d Gumode für Evelis Chleider oder e Chrämerlilade. O myner Brot han i dert druffe bache. Dä fyn Härd vorem Hüsli zuche isch grad äberächt gsi für z Pfludele. Vom Chauberweidli här zum Gartehag isch e Droht zoge gsi, dass d Guschti nid chönn überehause. Di Abschperi het de o grad dr Abschluss ggä vo myr Bäbistube u ersch no e gäbigi Wöschhänki. U wüu dr Brunne nume es paar Schritt wyter äne isch gsi, isch mym Gchöötz nüüt im Wäg gschtange.

Am schönschte ischs im Früelig gsi, we näbedra dr Füürbusch u d Spirea blüejt hei. We de dr Luft no di wysse u rote Blüeteblettli uf ds Dach achegschneit het, isch mer üses Beijihüsli vorcho, win es verzouberets Schlössli.

Es het nämlech es Gheimnis drinne gha u d Mueter het is sträng verbote, das Hüsli ufztue. Derby hätt es grad di richtigi Grössi gha fürnes Bäbihuus un i ha mer aube i auune Farbe usgmaut, wi me dert inne schön chönnt «Müeterle».

Aber es isch mer gar nüüt angersch füürblibe, aus z fouge, zu däm tuusigs Töörli hets nämlech ke Schlüssu gha.

Wen i gfrogt ha, was de ömu o i däm Hüsli syg, hets gheisse, uf au Fäu nüüt für chlyni Ching, das Beijihüsli ghör em Grossvatter.

Em Grossvatter! Dä hei mer jo gar nie gchennt, dä isch scho gschtorbe gsi, bevor mer si uf d Wäut cho. Nume sys Pooggeree isch gäng no däne i dr schöne Stube ghanget. Wen i aube amene Samschtig ha söuue abstoube, bin i mängisch vor däm Biud blybe stoh un i hätt dä Grossvatter gärn gfrogt, was er de ömu o i däm Beijihüsli versteckt heig, i wett doch so gärn mit em Eveli dert inne spile.

Aber dr Grossvatter het mi nume sträng aagluegt, wi wen er wett säge, i söu itz gschyder my Sach mache u auszäme grüntlech abstoube, är syg de e exakte Maa.

Das het o d Grossmueter gäng gseit: dr Grossvatter syg gar e exakte gsi un e schöne derzue.

I ha wider zum Biud uche gluegt.

Nei, wüescht isch er nid gsi. E toue Schnouz het er gha, e hööchi Stirne un e fyni Nase. Aber äbe, unger syne buschige Ougsbraue, wo eini chly höcher uche boge isch gsi aus di angeri, het er eim so sträng chönne aaluege.

Do isch mer dr anger Grossvatter, dä im Ungerdorf nide, viiu lieber gsi. Dä het no gläbt u ömu afe nid es Beijihuus gha, wo me nid het söuue uftue. Im Gägeteil, mir hei nomittagelang i syr aute Rouch-Chuchi dörfe desumerumoore, do het niemmer öppis gseit. Dr Ungerdorf-Grossvatter isch dr güetigscht Maa gsi, wo me sech het chönne dänke. Är isch o gäng guet ufgleit gsi u het aubeneinisch es Gschpässli gmacht. Meischtens het er e Stumpe i dr Hang gha, won er de aupott umständlech aazüntet het. U i dr Stube, ufem chlyne Tischli bim Fänschter vore, isch gäng es Schnapsglesli gschtange, ganz es schöns; handbemale mit emene gäub-wysse Tüpflimuschter. Aubeneinisch het sech de dr Grossvatter es Malaga ygschänkt u mir es Schlückli gä z versueche. Eh, wi het dä aube chönne lache, wen i wäge däm Gsüüf ds Muu verzoge ha!

Dä do obe ufem Biud hätt mer sicher kes Schnäpsli aabbotte, dä luegt mer z sträng dry! Är hätt is äuwä o kener Schue gchouft.

Dr Ungerdorf-Grossvatter het üüs doch aupott nöiji Houzböde gchouft. «Dyner sy jo ganz abgschlaarpet», het er aube gseit, du muesch nöiji ha. «U de sy mer zäme abzottelet, zu Althuses uche, go Schue chouffe.

Ne-nei, dr Ungerdorf-Grossvatter het sech nid lo lumpe u we am Samschtig d Chrömlifrou isch cho, hets de Chrömli ggä bis gnue.

U warum zum Ggugger sött me itz das Beijihuus nid chönne bruuche?

I ha wider zu Grossvatters Biud uchegluegt. Aber dä het ke Miine verzoge u isch mer d Antwort schuldig blibe. Dä hätt äuwä o nüüt derglyche too, wen i ne am Sunndig nam Mittag wär go müpfe, wüu er mer sött es Zwänzgi gä für go Glace z chouffe.

Dr Ungerdorf-Grossvatter het doch aube amene Sunndig nachem Ggaffee d Häng ufe Tisch gleit, dr Chopf druuf u so es Nückerli gmacht. Du einisch hei si bim Beck äne grad früschi Glace gmacht, richtigi Glace, das isch denn no öppis gsi!

I bi i eir Ufregig heitraabet, ha dr Grossvatter, wo i dr Ässstube tööset het, am Ermu zoge u gchüschelet: «Grossvatti, gisch mer es Zwänzgi, bim Beck äne mache si Glace!». Haub im Schloof het dr Grossvatter ds Portemonnaie usem Sack zoge u umständlech es Zwänzgi füregchnüüblet. I bi, was gisch was hesch, dermit zum Beck übere u überzügt gsi, dr Grossvatter syg dr liebscht Maa vo dr Wäut.

U de dä do obe, isch ächt das o e liebe gsi, oder emänt nume e stränge? Uf au Fäu het er es Beijihüsli gha, wo me no zwänzg Johr nach sym Tod nid het dörfe uftue.

Was cheibs het er ächt o dert inne versteckt gha? Emänt Gvätterlizüüg oder sogar chlyni, härzigi Möbeli, är heig doch so guet chönne schrynere, het me mer gseit. Möbeli, grad äberächt zum «Müeterle».

Mängisch han i bim Beijihüsli dür eis vo dene Fluglöcher ycheggslüüslet. Aber win i mi aagschträngt ha, i ha nüüt gseh aus fyschter. Oder de han i mit emene Bänggu uf ds Dach ghoue oder a d Tüüre gschtüpft. Wen e Geischt drinne wär, müesst doch dä itz usecho! Aber es isch mucksstiu blibe.

Einisch amene schöne Tag hets müesse sy, i ha wöuue wüsse, was i däm Hüsli syg u my Brueder überredt, är söu mer häufe, das Tööri ufztrome. Dä isch sofort derfür gsi u het i dr Buddig Wärchzüüg greicht. Mit Schrubeziejer u Stächbüttu hei mer aafo a däm Tööri umebaggle.

«Itz chunnts de äntlech uus, itz wüsse mer de, was dr Grossvatter do inne versteckt het», han i mi eryferet.

My Brueder het das weniger wunger gno. D Houptsach, mi chönn mit Wärchzüüg hantiere, tue wi di Grosse u öppis vertrome.

Plötzlech hets gchrachet, das Tüürli isch ufgfloge u mir fasch dermit. U was hei mer gseh? Nüüt! Nüüt aus es paar auti Houzrähme, a teilne sy no Waabe ghanget, un e Huufe Spinnhuppele. Das isch aus gsi.

Mir hets d Sprach verschlage. Itz het üüs d Mueter, u no viiumeh d Grossmueter, gäng Himu u Höu heiss gmacht u derglyche too, wi we das Beijihüsli es Heiligtum wär! U was chunnt itz füre, nüüt aus Spinnhuppele un es paar auti Beijiwaabe! Nüüt vo Bäbizüüg u schöne Möbeli! Nüüt aus aute Ggrümppu! We wenigschtens es Gschpänscht wär fürecho oder mynetwäge e Nachtchuz.

I bi bodelos enttüüscht gsi u mindeschtens so toube wi d Mueter, wo grad derzueglüffe isch u das Tööri energisch zuegschlage het u gseit, mir syg unggföugigi Soupurscht, do heig mir gar nüüt gha z gwungere, das Beijihuus ghör em Grossvatter.

«Em Grossvatter, hesch ghört Eveli, em Grossvatter!» Mys Bäbi het vou Verständnis syner blaue Glasouge uuf- u zuegschlage u mir syn is wider einisch einig gsi: di grosse Lüt sy gschpässigi Lüt, dene isch nid z troue.

I ha ds Eveli i ds Wägeli packt u bi mit ihm gäge ds Moosgrebli achegschtaabet. Lang bin i ufem Brüggli ghocket, ha d Bei hin u här gschlängget u mit myne Houzböde a ds Müürli bbolet.

«So häb er doch das Beijihuus», han i gmööget, so lutt i chönne ha.

U vo denn aa het dr Bäbiegge vorem Beijihüsli für mi dr Glanz verloore gha.

Ds Tälebach Marie

Öb mer nid einisch ane Séance chööm, het is d Maryline gfrogt. «Was fürne Séance», han i wöuue wüsse.
Do träf sech au drei Wuche Wahrsägere, Medie u Aschtrologinne, seit d Maryline.
«Aha, sone Häxeverein», han i gschpottet u im erschte Momänt abgwunke. Es nähm mi nüüt wunger, wi my Zuekunft usgseij u Wahrsägere heig i scho es paar lehre kenne, gueti u weniger seriösi.
D Maryline het nid nooglo un is schliesslech überredt.
Di Séance sy gäng imene noble Hotel im sächzähte Arrondissement. Das het mi verwungeret. I hätt ender ddänkt, so spirituells Züüg heig me i dr Belleville oder mynetwäge am Montmartre. Ne-nei, di moderne Häxe, die Weisen Frauen von heute, müesse sech nid verstecke u träffe sech hochoffiziell.
Hingäge chunnt me de nid ohni wyteres yne. Me mues e Götti ha oder äbe e Fründin wi d Maryline. Di füfzg Francs Ytritt syg de o grad ds Honorar für ds Wahrsäge. We me Glück heig, überchööm me sozsäge ungfrogt e Zuekunftsanalyse.
I bi styff u skeptisch i däm schummerige Saau ghocket u ha mer vorgnoo, i löi mer de afe nüüt lo säge u überhoupt syg i e Usländere u di Medie wärdi chuum so wyt gseh.

Zersch het eini vo dene Froue über Aschtrologie gredt. Aber eso dernäbe, eso plump, dass mer enang gchüschelet hei, für Aschtrologie à la Concièrge syg mer de nid dohäre cho un i ha mer usgrächnet, was mer für di 150 Francs aus hätt chönne chouffe.

Öppis Guets z Nacht, zum Byschpiu; i ha Hunger gha.

Wo di Stärnschou isch fertig gsi, isch e chlyni, buggeligi Frou fürecho, het sech a d Tisch gsetzt u grad sofort aafo rede.

«I ghöre öpper singe», het si gseit, «schön, sehr schön singe. Aber di Pärson mues no viiu üebe, si isch äbe chly bequem, derby hätt si so viiu Talänt! Es isch e jungi Frou, no fasch e Meitschi. Es isch hie im Saau u söu sech mäude!»

I dr vorderschte Reie het es hübsches Fröilein d Hang ufgha. Ds Medium het däm Meitschi e bländendi Ggariere voruusgseit, aber es mües schaffe u no einisch schaffe un es dörf nid hochmüetig wärde.

Es isch müxlistiu gsi im Saau un i ha gäng di chlyni kuurligi Frou müesse aaluege. No säute han i sones klars, lüüchtends Gsicht gseh. Me het o nid ds Gfüeu gha, ihre Puggu stör se. Dä het me sowiso vergässe, we me ihrer wunderschöne Ouge aagluegt het.

Plötzlech het si aafo schnuppere u gseit:

«I schmöcke Ggaffee, wär vo öich trinkt de do so viiu Ggaffee? U de isch no e Mueter i öier Familie, di het sone churze Oote. Dihr lüftet zweeni deheime, tüet doch aube das Fänschter uuf!»

I dr Reie vor üüs het sech e Frou gmäudet u gseit, si syg die, wo so viiu Ggaffee trinki. U wider het das Medium haargenau erzeut, wär aus i der Familie läbi, was si für Mödeli heigi u was no aus passieri. Di Frou, wos aaggange isch, isch nid usem Stuune usecho u het gäng nume gnickt.

I ha däm Züüg gschpannt zuegglost u beschlosse, mit mir chönn me de das afe nid mache, das göi niemer öppis aa, was um mi ume aus passieri.

Es isch o nid zerscht Mou gsi, dass i Wahrsägere ha begägnet. Eis hei si gmeinsam: äs redne u redne, ganz von ihm säuber, mängisch zämehangslos u meischtens ganz schnäu.

O di Frou dovore seit gäng wider: «On m'a dit.» Si het auso ihres Wüsse vo wyter obe, si isch äbe es Medium.

Itz isch e angeri Frou fürecho u di chlyni buggeligi isch unufffäuuig a dr Wang noo zum Saau usggange.

Das hie syg e Frou, wo mit de Tote chönni rede, het se d Leitere vo däm Verein aagseit.

Si isch mer lang nid so sympathisch gsi wi die vorhär. Si het o nid aafo rede, im Gägeteil: I sech yne gchehrt, isch si mit zuenige Ouge es Zytli doghocket. Öppe so, wi we dr Pfarer vor dr Predig stiu für sech bättet.

Uf ds Mou het si gseit, si heig Kontakt mit emene Maa, wo scho lang gschtorbe syg u dä möchti emene junge Meitschi hie im Saau öppis säge. Äs söu derfür sorge, dass es i ihrer Familie wider Fride gäbi.

Es isch lang ggange, bis sech es Fröilein gmäudet het

u gseit, das chönnti ihre Unggle sy, wo scho lang gschtorbe syg. Es het mi ddünkt, däm Fröilein syges pynlech, vor so viiune Lüt über ihri Familie z rede. Un i ha mi gfrogt, für was zum cheib i heig müesse dohäre cho. I wär o gschider deheime blibe u hätt my Sach gmacht!

Di spirituelli Frou dovore het itz aafo verzeuue, wi si vorhär, wo si no hinger im Saau syg ghocket, e Vision heig gha: Do syg e chlyni, euteri Frou düre Mittugang füregloffe u heig starch ghimpet. I de Häng heig si es wysses Tübeli treit u das vor ufe Tisch gleit.

Was isch ächt das Verruckts, han i ddänkt, wi söu me öpper, wo scho lang gschtorbe isch, hie im Saau gseh?

Im Momänt stöi si wider mit der Verstorbene i Verbindig, het mi ds Medium us myne Gedanke ufgschüücht. Äs göi umene Frou, wo fescht himpi u scho vor mängem Johr gschtorbe syg u mir hie im Saau söu sech aastränge u überlege, öb mer nid einisch so öpper gchennt heig.

Niemer het sech gmäudet u ds Medium het gseit, das syg schaad, di Verstorbni hätt öppis Wichtigs z säge u di Pärson, wos aagöi, syg do im Saau.

Schliesslech het sech e Maa gmäudet, är heig einisch e Frou gchennt, wo ghimpet heig. Öb ihre Name d Aafangsbuechstabe M. T. heigi gha, frogt ds Medium.

Dä Maa het dr Chopf gschüttlet u gseit, ne-nei, di heig angersch gheisse.

Wider isch es ganz stiu worde u no einisch het ds Medium ydringlech gseit, di Verstorbni heig öpperem hie inne öppis Wichtigs z säge un itz mach si 're es Zeiche, schrybi zwe Buechstabe i d Luft u sägere, zwüsche ihre u der Pärson wos aagöi, syg gäng es Lächle hin- u härggange, di einti heig synerzyt di angeri aube ufgmunteret, u di zwe Buechstabe heissi T.M., ds Umgechehrte vo dr erschte Information.

Do isch es wine Blitz dür mi düregfahre.

«Das isch jo mi», han i grüeft, «u di Verstorbeni, wo mer di lengschti Zyt öppis wott säge, isch ds Tälebach Marie, üsi Schnydere, u T.M. han i aus Meitschi gheisse!»

Ds Tälebach Marie, du liebi Zyt, ds Tälebach Marie. I ha d Lüt im Saau vergässe u nume no a ds Tälebach Marie chönne dänke.

Es isch mer uf ds Mou ganz warm u heimelig worde. I bi plötzlech es chlys Meitschi gsi u ha bim Tälebach Marie i syr Nääistube mys nöije blauue Bluusli probiert. I ha ds Marie ganz dütlech vor mer gseh: sys fyne güetige Gsicht, d Hoor glatt hingeregschträut u zumene Bürzi zämeträäit. I weis uf ds Mou o, wis bim Marie aube gschmöckt het: nach tröchnete Blueme u düüre Schnitz.

Ds Marie, das guete Marie, i has ganz vergässe gha, un es isch doch gäng sones Liebs gsi!

Hundert Ouge hei mi gwungerig aagluegt u ds Medium dovore het mer bestätiget, dass es sech tatsächlech um ds Tälebach Marie handli. Won i es chlyses Meitschi syg gsi, heig i für ds Marie gäng es früntlechs Wort gha un es Lächle. U ds Marie heig mer di Liebi wider zrügg ggä u syg mer tröi blibe o nach sym Tod. Es löi mer lo usrichte, dä Wäg, won i ygschlage heig, syg dr richtig u äs syg my gross Schutzängu.

Dr Räschte vo der Séance isch mer nümm so wichtig gsi. I ha mi mit em Tälebach Marie beschäftiget.

Wi mängisch bin ii aus Ching näben ihm ghöcklet, wen es bi üüs gnääit het. Zwöi, drü Mou im Johr isch es zuen is uf d Stöör cho. Zersch het es tagelang gflickt, grossi Blätze uf di verheite Lyntüecher gnääit u nöiji Hemmlichräge gmacht. We ke fürige Stoff isch gsi, het es dr nöi Chrage vom Hemmlistock gschnitte u dert derfür e ähnleche Bitz aagsetzt.

Wen aus gflickt isch gsi, hei mer de öppe Schüürz übercho oder es Röckli. Ds Marie het nie viiu gseit, mi nume aubeneinisch aagluegt u chly glächlet. I han ihm stungelang chönne zueluege, win es mit flingge Häng Söim gnääit het u schöni Chnopflöcher. Brav het es gäng gmacht, was d Mueter befole het.

Bim Tisch isch es zwüschem Dienschtmeitschi u mir ghocket. U bevor es het aafo ässe, hets d Häng ufem Schoos zämegha, d Ouge zuetoo u d Lippe ganz fyn bewegt. Ds Marie het bbättet un i han ihm gschpannt zuegluegt u derby mit eim Oug zum Vatter überegschilet, für z luege, öb ers ächt merki.

Bi üüs isch am Tisch nid bbättet worde u dr Vatter het nid dr Huufe gha uf fromme Wyber. Mir isch es glych gsi, öb ds Marie bätti oder nid, d Houptsach, es syg es Liebs.

Es het mer o Ydruck gmacht, wi das bescheidene,

zarte Pärsöndli jede Tag vorem Ässe sys Gebätt ufgseit het; dr Vatter het no so sträng chönne dryluege.

Ds Marie het mer mängs guets Wort ggä un i han ihms mit emene Lächle danket. So hei mer, ohni dass mers gwüsst hei, enang ghulfe, dä schwirig Wäg z go. Ds Marie mit sym chürzere Bei, wo vilech tschuld isch gsi, dass es nie het chönne hürate. Un ii mit myr widerspänschtige Art u dene strube rote Chruseli, wo so schlächt i üsi bravi Purefamilie ychepasst hei.

U itz seit di Frou dovore, ds Tälebach Marie syg my Schutzängu! Dass i e Schutzängu ha, han i gäng gwüsst u nie e Momänt zwyflet, dass Gschtorbni mängisch e Schutzängufunktion übernäh. Nume hätti ender ane Grossmueter ddänkt oder a Grossvatter, won i so gärn ha gha u doch nid a ds Tälebach Marie!

A däm Oobe het me nüt meh Rächts mit mer chönne rede, i bi cisiubig blibe u mit de Gedanke wyt ewägg. I ha gäng ds Tälebach Marie vor mer gseh, win es aube amene Sunntig Nomittag gäge ds Moos use ghimpet isch, wen es vom Vereinshuus isch cho.

I gseh no sy blüemlet Rock mit em wysse Chrägli un es schwarzes Jäggli drüber. Ds Täschli i syr Hang isch gäng ufe u abegumpet, im glyche Rhytmus wi syner unglych länge Bei. I bi jedesmou erstuunt gsi, win es mit sym einte Fuess, wo so viiu höcher obe isch gsi, glych gäng im rächte Momänt isch z Bode cho.

Wär hätt denn ddänkt, dass ds Tälebach Marie, wo syr Läbtig im Moos usse gwohnt isch, dryssg Johr spöter aus Schutzängu mit mir uf Paris chäm?

Büroluft

(handwritten: Station dr Métro im 13. Arrondissement)

Wen i do a dr Laumière zum Chuchifänschter usluege, gsehn i änenoche grad in es Bürohuus yche. Eis Büro nach em angere, i jedem wird flyssig gschribe u telefoniert.

Am Morge am Nüüni fö si aa, kämpfe sech dür dä Papierchrieg düre, di einte mit viiu Schwung u Yfer u di angere, wüu si müesse. Aber am Oobe am Föifi sy si de auui glych schnäu. Do wird zämegruumt, dr letscht Brief no hurti zum Ungerschrybe bbroocht u nächhär, was gisch was hesch, heizueggange.

U ds Bürohuus steit läär do. Nume zwo, drei Putzfroue trybe itz ihres Unwäse. Do wird gsugt u abgschtoubet, jede Papierchorb gläärt. Di verpfuschte Briefe, fautsche Abrächnige, d Koma u d Gedankestriche, wo me nid bbruucht het, aus chunnt i ds Ghüder. Wi Heinzumändli gö di Froue vo eim Büro i ds angere u im Näbeumeluege isch aus suber u ufgruumt. U plötzlech sy si verschwunde u im Bürohuus wirds fyschter, nume im erschte Stock, im änerschte Büro brönnt no Liecht.

Dert macht e Maa gäng Überstunge. Mängisch hocket er sogar am Samschtig a sym Schrybtisch u nuuschet inere Byge Dossier ume. Vilech wird er dr Tag uus gäng gschtört, ma nume bcho, ds Nötigschte z mache u mues aus angere lo lige. Oder de chan er nid delegiere, meint, är mües für aus säuber luege, süsch chööms nid guet oder emänt het er o Hüenner, wi synerzyt eine vo myne Cheffe bhouptet het.

«D Froue sy sowiso aus Hüenner», isch es däm einisch entwütscht, won er sech über öppis geergeret het.

«Was dihr nid sägit», han ihm umeggä un e derzue e chly suur aagluegt.

Vo denn aa han i d Ouge u d Ohre offe bhaute u probiert usezfinge, wiso my Chef uf Hüenner chööm, us dr Luft griffe heig ers ömu nid.

Imene Betriib vo vierhundert Froue u füfzg Manne chunnt me no gleitig einisch ufene Hüennerhof. U we me gseht, wi di Froue um di Here umefäckle, gloubt mes ersch rächt. Ke Wunger füehre die sech de uuf wi Haubgötter, meine, d Froue syg derzue do, ne jede Wunsch vo de Ouge abzläse.

Wi mängisch bin ii aus Ching vorem Hüennerhof gschtange u ha däm Fädervouk zuegluegt. Wi dä Ggüggu aube het chönne dr Chamme steuue, wen er stouz im Hof umegschpaziert isch! U chuum isch er emene Huen i d Nööchi cho, isch das acheghuuret.

So isch es mer o i üsem Betriib vorcho. Das Chüderle u Täsele um di Manne ume isch grässlech gsi! Chuum eini vo dene Froue isch sech bewusst gsi, dass si säuber o öpper syg u mindeschtens so viiu wärt wi ihrer Kollege. Oder no schlimmer: we de eini vo dene Froue ds Leiterli ufwöuue het u Ggariere mache, het si aafo eubögle wine Maa oder isch acheghuuret wines Huen, jenachdäm, was grad besser passt het. U was mi am meischte möge het, si isch zu de angere Froue je lenger je schnodriger worde, het ihres Frou-sy vergässe u sech ufgfüehrt wine Maa.

I ha de o usegfunge, wiso. Das isch viiu eifacher, so cha me mit de Wöuf hüüle u sech der Arbeitswäut, wo vo Manne erfunge u vo Manne dirigiert wird, am beschte aapasse.

Was söu me sech de do no um di angere Froue kümmere? Di chönnt eim emänt no eine vo dene aaghimmlete Manne wägschnappe! Oder dr nöi Poschte, wo me doch so tüür erkämpft het. Dert ligt dr Haas im Pfäffer: e grosse Teil vo üüs Froue meint gäng no, mir syg nume öpper, we mer e Maa im Rügge heig oder no lieber im Bett.

We mers im Pruefsläbe zu öppis wei bringe, müesse mer zeige, dass mer Froue sy u kener Hüenner. Froue, wo mit ihrem Gschpüüri u mit ihrem gsunge Mönscheverstang jedem Betriib guet tüe un e schöne Usglych gä zu der sachleche, chopflaschtige Art vo de Manne.

Unger de Manne isch so öppis wi Solidarität: die chöi are Sitzig enang no so d Stange ha, sech no so i d Hoor groote, am angere Tag isch es vergässe, me geit zur Tagesornig über u zieht wider gmeinsam am glyche Chare.

Ganz angersch d Froue: en angeri Meinig inere Gschäftsfrag isch o no grad e pärsönlechi Beleidigung u statt, dass sech d Froue zämetüe, müesse si gägenang giftele u sprütze. U d Manne nütze das schlächte Klima uus u säge, mir sygi Hüenner.

Si hei rächt. Mir tschädere zviiu u schnädere zviiu u mache zweeni.

We mer i dr Arbeitswäut meh wei eschtimiert sy, müesse mir Froue ungerenang toleranter wärde u nid gäng grad uf eire umehacke, we si nid di glyche Fädere het wi mir. So chöme mer nie ufene grüene Zweig. Mir müesse üses Frou-sy bewusster läbe, müesse lehre, mit de Manne zäme z schaffe, mit Härz u Verstang, aber ohni achezhuure. Ersch denn merke si de, dass mer Froue sy u kener Hüenner.

Dr nöi Claude Monet

Är göi au Sunndig i ds Museum, stöi vor de Seerosebiuder u steu sech vor, wi dr Monet das gmale heig. U dä Teich do wöu er de einisch säuber male, seit dr Claude näbe mir.

Mir sy zmitts i eim vo dene unäntlech wyte Wäuder i dr Loire-Gägend inere Lichtig gschtange u hei über dä wunderschön, stiu Teich gluegt, wo do vor üüs gläge isch. D Wäuder hei dert so öppis Gheimnisvous, määrlihafts, es würd eim nüüt verwungere, wenn plötzlech e Fee oder e Häx uftouchti, e Geischt usem brackige Wasser stigti oder es Zwärgli do am Bode näbe de Flöigepiuze hockti. Ganzi Kuppele hets gha, vo dene rote Piuze mit de wysse Tüpfli, wo so schön u doch so giftig sy.

So wyt me het chönne luege, e dunkugrüene Mieschteppich, linggs u rächts vom Waudwäg jungi Buechli, wo ihrer Escht über ds Ströössli biege u so e Allee mache, e grüene Torboge, wo vilech ines verwunschnigs Schloss füehrt. U wüu me nid a ds Änd vo däm länge Wäg gseht, weis me o nid, wo das Schloss isch.

U vor üüs dä Teich. Es isch mucksstiu, im blau-graue Wasser spiegle sech di hööche Eiche.

«Chumm, i wott dr öppis zeige», chüschelet dr Claude, «aber mir müesse ganz liiseli mache.»

Süüferli louffe mer em Ufer no, sueche e Wäg dür ds Schiuf düre; ds Wasser chunnt is scho bis zu de Stifuschäft uche. Plötzlech fots aa ruusche u vor üüs flügt e Änteschwarm uuf. Hunderti vo Änte zieh über üser Chöpf ewägg, es isch diräkt uheimelig un i ducke mi unwillkürlech.

«N'est-ce pas, c'est génial», rüeft dr Claude u isch stouz uf sy Attraktion.

Dr Änteschwarm macht e grosse Boge übere Teich, schwänkt gäge Norde u gly gseht me nume no chlyni Tüpfli.

Ufem Heiwäg bin i wider uf d Malerei zrügg cho. I heig gar nid gwüsst, dass är mali.

«Momou, scho lang», seit dr Claude. Nume syg er früecher nie so rächt derzue cho. Aber sobauu er pensioniert syg, wöu er de zgrächtem derhinger.

Das het scho mänge gseit, han i ddänkt u di Sach nid bsungersch ärnscht gno.

Es paar Wuche spöter het dr Claude aaglütte u gfrogt, öb i wöu mitcho, si göi uf Giverny, itz syg em Monet sy Garte bsungersch schön; dr Gérard chööm oo. Mir mües is de um nüüt kümmere, är heig ds Pique-Nique scho ygchouft.

Dä guet Claude, är isch für üüs auui so öppis wine Ersatzmueter.

Wenn er cha ychouffe u choche, isch er im Elemänt u üüs tuet er dermit e grosse Gfauue.

Derfür lose mer de stungelang brav zue, wen er vo sym Monet schwärmt oder wen er is us «Les fleurs du mal» vorlisst, won i gäng nume ds Haube vo Baudelaires bluemigem Französisch verstoh.

Bevor dr Stoosverchehr so rächt het aagfange, sy mer zur Stadt uus gsi u gmüetlech gäge Vernon gfahre. D Pöörter näbe dr Outobahn sy übersäit gsi mit Mohnblueme u Margritte.

«J'adore ce pays, j'aime la France», han i hingerfüre grüeft u über di wyte, wyte Gwächsfäuder gluegt, wi wes myner wär. Das packt mi gäng früsch wider, dä Platz, di Wyti, wos z Frankrych no het! Bsungersch, we me churz vorhär dürne Betonwüeschti gfahre isch, übere Périphérique gschnogget u sech einisch meh gfrogt het, wi di Lüt i dene schreckleche Wulchechratzer mit Ussicht uf d Outobahn chönn exischtiere.

Giverny isch es verschloofnigs Dörfli u ersch ganz am Ändi, wos «Parkplatz» heisst, merkt me, dass do mängisch Hochbetriib mües sy. Us dr ganze Wäut chöme d Lüt dä Garte cho bewundere u bsungersch d Amerikaner sygi ganz sturm derwäge. Si syg de o die gsi, wo am meischte Gäut gschpändet hei, wo me das Monet-Huus zumene Museum gmacht het, cha me are Tafele läse.

Es isch gwitterig gsi u mir hätts mit em Wätter nid besser chönne preiche. Nie sy d Farbe so intensiv, wi zwüsche zwone Rägeschüttine. Wo mer dür ds Huus düre änenoche i Garte sy cho, han i zersch grad chly müesse blybe stoh. So wyt me het möge luege, ei Farbepracht! Blau, rot, rosarot, wyss u gäub i auune Schattierige u aus Chrutt u Chabis dürenang.

Em Monet sy Garte isch nid öppe e Bluemeusstellig, wo aus gnöggelet u töggelet i Reih u Gliid dosteit. Nenei, das isch so bunt, sones Dürenang vo Blueme u Farbe, dass es scho fasch wider nach Ornig usgseht. I länge, länge Bandeli stöh si do, e Teppich vo Blueme, me chönnt meine, dr Monet syg dä Morge grad säuber düre Garte ggange u heig di Farbtupfe härepinslet.

Hunderti vo Pfingschtrose, Lilie, Chlatschmohn u Akalei hets do, blauui u wyssi Campanula strecke ihrer Glöggli hööch uche, wei sech i däm Drück inn es Plätzli ergattere. Am Rand noo blüejt Guldlagg u di fyne, rote Trübeli vo de Steigranium zittere uf ihrne dünne Stängle obe. Schön regumässig i dä Teppich ygwobe mache blau-violetti, sametigi Blüemli es luschtigs Muschter. Scho üsi Grossmueter het settigi gha, es isch e Art Granium un i ha nie begriffe, warum me ne eso seit, we si doch blau sy u nid rot wi di richtige Granium.

«Eh, wi si di Lilie schön», rüefen i.

«Das sy Iris, ma puce, u nid Lilie», belehrt mi dr Gérard.

«Chasch dänke», giben i ume, «das do isch ke Lilie, o ke Iris, das isch ‹il fiore fiorentino›. Öiji Bourbone-Lilie, myni Here, het nech synerzyt dr Medici abgläschelet, wüu si z Floränz sones gruusigs Wappe hei gha. Eifach föif blöödi Tüpf, statt es Himugüegeli! U syder sy d Florentiner stouz uf ihrer Lilie u meine, dr Herrgott heig se ätxra für seie gmacht.»

Myner Begleiter luege mi unglöibig aa.

«Gäuit, das heit dihr nid gwüsst! Dihr hättit nid ddänkt, dass d Franzose mit de Italiäner einisch so grosszügig wär gsi. Vilech heisse si wäge däm Schwärtlilie, wüu me drum zangget het», stüpfen i wyter. U überhoupt säg me dene bi üüs deheime Flädermüüs.

Aber das hei sy mer ersch rächt nid gloubt.

«Chauve-souris», öppis Stuurms eso.

U de di Rose! A de Heeg no, a dr Husmuur, i dr Garteloube, aune Orte hets scho Rose gha. Nume di wenigschte kennen i bim Name. Öppe di gäube «Sutters-Gold» oder «d Madame Meilland».

«Do di oranschigi heisst ‹Whisky›», sägen i zum Claude u dä lachet verschmitzt.

Ersch viiu später han i vernoh, warum. Bi syr Peinture nähm er aubeneinisch e touue Schluck Whisky, das gäb ihm e lockeri Hang.

D Sunne het chly möge düredrücke, es isch e Duft i dr Luft ghanget, so süess u so starch, dass mes nie meh vergisst.

Dürne Ungerfüehrig sy mer zu de Teiche cho. Di berüehmte Etangs, wo dr Monet säuber heig ghulfe ushebe. Au Morge syg er scho am Föifi uuf, heig gmale oder im Garte gwärchet.

Das syg ds Einzige, won er chönn, heig er aube gseit, male u gärtnere.

Aber är het no öppis angersch chönne: Geduld ha, Geduld u Beharrlechkeit, är het nid nogloo, bis er het gha, was ihm vorgschwaanet isch. Di Teiche do zum Byschpiu.

Johrelang het er sech mit de Behörde desumegschlage, bis die äntlech ihre Säge derzue ggä hei. U wär hätt hütt no Geduld gnue, föifezwänzg Johr z warte, bis dä Boum, wo me gsetzt het, gross gnue isch für ne z male? Dr Monet het das no chönne, är isch überhoupt e ussergwöhnleche Maa gsi.

O sy Malerei isch denn öppis Nöis gsi, wo di meischte Lüt nid verstange hei. Es settigs Gschlaarg hei si gseit, das syg jo gar nid fertig u vo noochem gseit me nid, was es söu sy. Das isch äbe das Wunderbare a dene Biuder. Chly Wyss u Gäub härepinslet, gseht vo wytems uus wi ne Seerose, me meint, si butteli uf em Wasser ganz fyn hin u här. Di Farbfläcke überchöme Läbe u Glanz, es glitzeret ufem Wasser. Me gschpürt d Wermi vome Summertag u d Töifi vom Teich.

Dr Monet isch jede Tag u bi auuem Wätter dusse gsi u het gmale. Er het ds Liecht u di verschidene Stimmige ygfange u wäge däm sym Biud mit em Sunneufgang «Impression» gseit. So isch är u syner Maler-Kollege zumene Name cho. Me het ne Impressionischte gseit u mit dr Zyt hei du di Biuder o Aaklang gfunge. Dr Monet isch zu Gäut cho u het sys rosarote Huus mit em grosse Garte chönne chouffe. U denn, we di meischte Lüt scho d Häng i Schooss lege u meine, me syg z aut u dr bescht Teil vom Läbe scho verby, het dr Monet ersch so rächt aagfange. Är isch scho dreiefüfzgi gsi, won er äntlech ds Land für syner Seeroseteiche het gha.

U itz stöh mer do i der verzouberete, unwürkleche

Wäut. D Seerose hei ersch afe Chnöpf u di breite, späckige Bletter lige wi grüeni Inseli uf däm stiuue Wasser. Es paar Mugge tanze u aubeeinisch gumpet e Fisch. Ume Teich ume blüejts lila u wyss u d Truurwyde hänkt ihrer Escht i ds Wasser. A dr Clyzine bim japanische Brüggli äne hets gäng no es paar wyssi Dolde. U genau überem Teich, zwüsche de schwarze Wulche, lüüchtet e blaue Fläcke u spieglet sech im Wasser. Me weiss plötzlech nümm, was unger u was obe isch u meint, mi stöi zmitts i eim vo Monets Biuder!

Mir sy wi verzouberet, ke Mönsch redt es luts Wort, us Angscht, me chönnti das Farbeschpiu, das Gheimnisvouue, wo do vo däm Ort usgeit, störe u de heig mes für gäng verlore.

Ds Tschäder vom Fädervieh bim Huus obe het is du wider uf d Wäut bbroocht. Wi zu Monets Zytte hets i däm Höfli Hüenner, Änte u Trutthüenner, die wo dr Haus so gschpässig fürestrecke, we si chädere.

Auem aa het dr Monet o gärn guet gläbt, nid nume Biuder gmale. D Chuchi isch so gross win es Eifamiliehuus, komplett ygrichtet u aus gäub u blau: d Möbu, dr Chachubode u sogar ds Gschiir. Dr Monet heigs eso wöuue ha. O sys Atelier isch gross u dr eint Teil gseht uus wine Wohnstube. Vilech hein ihm d Frou u d Ching mängisch bim Male dörfe zueluege? Oder o nid! Äs heig nämlech Zytte ggä, wo dr Monet imene Wuetaafau syner Biuder verrisse heig oder im Garte verbrönnt. Oder de syg er eifach verreiset, sans laisser d'adresse. Lueg de wär wöu!

Gluegt het sider sy Alice, di zwöiti Frou. Si hei e grossi Hushautig gha. Zämethaft acht Ching, föif Gärtner une ganzi Kuppele Dienschte. Dr Husfride i der wytlöiffige Familie isch ganz vom Monet u syr Malerei abghanget. Isch ihm es Biud bsungersch guet gglunge, het er dr liebscht Mönsch chönne sy, isch ihm öppis abverheit, het er toobet.

Mit syne Ching isch er sträng gsi, viiu z sträng u bsungersch d Sühn heis nid verchraftet, esone berüehmte Vatter z ha. Si hei i ihrem Läbe dr Rank nie so rächt gfunge. Aber o dr Monet het gäng wider Chummer u Sorge gha. Di erschti Frou isch früech gschtorbe, finanziell isch er mängisch i dr Chlemmi gsi. Är het johrelang müesse warte, bis me syner Biuder gchouft het. Gäge ds Änd vo sym Läbe het es sech hingäge gänderet. Au Lüt hei plötzlech e Monet wöuue u d Händler heig sech di Biuder fasch us de Häng grisse.

Für syner gröschte Seerosebiuder chönne z male, het sech dr Monet äxtra es Atelier lo boue. «Les Décorations des Nymphéas» isch sys Meischterwärk worde. Er het di Biuder em Staat gschänkt u mi cha se i dr Orangerie vo de Tuilerie go luege. Oder o hie im ehemalige Atelier, wo zure Boutique isch umfunktioniert worde, fingt me se i dene Büecher wo uflige.

Dr Gérard un ig läse Charte use u dr Claude hocket mitts i dr Halle u luegt i ds Lääre; di vile Ydrück mache eim müed. Do chöme zwo Amerikanere ufne zue u froge, öb är öppe dr Monet syg.

«Das nid grad», seit er u lachet gschmeichlet.

Aber male tüeng er u Claude heiss er oo.

Di zwo Froue sy häu begeischteret gsi u hei aafo fotografiere. Dr Claude het di Prozedur mit emene früntleche Gsicht über sech lo ergo. Breitschpuurig isch er doghocket. Mit sym melierte Bart u de wiude Hoor ungerem ghüselete Tschäppu füre, dr saloppe Aalegi u em sydige Tüechli ume Haus, het er genau so usgseh, wi me sech e Künschtler vorsteut. Dänk me sech, sone Zuefau, i Monets Huus e richtige Maler aazträffe!

Wär weis, vilech hei di zwo Froue bis uf Amerika übere vergässe gha, dass si nume e Hobbymaler abglichtet hei u tatsächlich gmeint, do uf ihrer Foto hocki dr Monet grad säuber.

Wi zu Monets Zytte hei mer üses Déjeuner o im Freie wöuue ha. Dä syg aube bi schönem Wätter mit Frou u Ching, Chörb u Sunneschirme uf ds Land use go pique-nique u d Lüt im Dörfli heig derwäge d Chöpf gschüttlet. So öppis het me denn doch nid gchennt!

O hütt chönnt me sech froge, öb mer no bitroscht syg. Es het grägnet, was het abemöge, wo mer zoberscht uf dr Kreete hei stiu gha. Üses Déjeuner sur l'herbe hei mer wou oder übu im Outo müesse abhaute. Dr Claude het usem Ggofereruum e grosse Chorb füregreicht, ne zwüsche di vordere Sitze gchlemmt u umständlech aafo uspacke. A aus het der ddänkt gha, sogar Stoffserviette hets ggä u natürlech nid nume

Sändwitsch. Ne-nei, un véritable Déjeuner mit auuem, wo derzue ghört. Drei Sorte Salat, Schinke, Wurscht, natürlech früschi Parisettes u zum Dessär Chääs u Frücht. Im Reihum hei mer enang d Wyfläsche wyterggä u jedesmou e touue Schluck gno.

Das isch öppis, won i schetze bi de Franzose: bi dene geit d Liebi afe einisch düre Mage! So gseht d Wäut gäng viiu läbiger u schöner uus.

Mir hei d Fänschter abegloo, dass mer dr Räge u di früschi Luft chönn schmöcke. Aber gfuxet hets is glych, wi gärn wär mer im Gras ghocket! Töif unger im Tau het sech d Seine i auune Chrümp em Meer zuegschlänglet. Dere wett i einisch nochelouffe, han i ddänkt.

Bis i Herbscht yche isch dr Claude viiu uf Reise gsi u me het säute öppis von ihm ghört. Nam Nöijohr flatteret plötzlech e Yladig i ds Huus. Dr Claude wöu e Vernissage mache. «Encre & Lavis» heissts uf der Charte. I ha zersch im Dictionnär müesse nocheluege, was «lavis» heisst. Tuschzeichnige syg das, u auuem aa hets nümm viiu mit Monets Seerosebiuder z tüe.

Di Usstellig isch nid öppe i irgend ere unbekannte Galerie, ne-nei, imene schöne Huus, im beschte Viertu vo Paris. E Bekannti het ihri Wonig zur Verfüegig gschteut u i dene grosszügige, vornähme Rüüm sy em Claude syner Biuder beschtens zur Gäutig cho. Mir hei nume so gschtuunet, was üse Fründ do gmale het!

Mit chräftige u de wider ganz fyne Pinsustriche sy Landschafte, Meeressтränd u Pflanze entstange u die Wärk do hei eim meh a Japan gmahnet aus a Monet.

«Wi chasch du nume so schön male», han i zum Claude gseit, «zeig mer einisch, wi me do dr Pinsu mues i dr Hang ha!»

Das chööm nid uf d Hang aab, di Biuder chööm usem Buuch use, usere Bewegig, seit dr Claude u macht mers vor.

Un i Kunschtbanause ha müesse ds Lache verbysse!

«Ah bon, seulement avec le pinceau et sans gomme», seit e Maa hinger mir. Dä isch no weniger druus cho aus ig u itz hei mer lutt dörfe lache.

Uf au Fäu hei di Biuder Aaklang gfunge u scho am erschte Oobe het dr Claude es paar verchouft. Es isch o feschtlech zueggange:

Mit Champagner u petits fours salés isch me empfange worde u bis spät i d Nacht yche sy mer bim Diner ghocket. Je lütter d Ungerhautig, je stiuuer isch üse Meischter obe am Tisch worde. Er het genau glych drygluegt wi denn, wo ne di zwo Amerikanere aus Monet abfotografiert hei.

Bi dr Finissage het mer dr Claude eis vo syne Biuder i d Hang ddrückt. Itz hangts do i myr Stube. E fyni Tuschzeichnig uf wyssem Japanpapier mit blauem Hintergrund. Jede Tag gsehn i öppis angersch. Einisch e Spirale, einisch Wasser wo ufschprützt u einisch ischs e Wäuue. Zoberscht schwümmt öppis. Wär weis, vilech isches e Seerose, di letschti Seerose vom Monet.

Vattertag

Mir syn is nie noochgschtange, dr Vatter un iig. Itz isch no ne dicki Glasschybe derzwüsche u d Verbindig isch no schlächter. Mit emene stränge, bleiche Gsicht ligt er do. Das Miude, Hiuflose, wone i dr Letschti e chly zuegänglecher gmacht het, isch wider verschwunde gsi. Dr Vatter isch dogläge, wi mer ne scho aus Ching gchennt hei: sträng u unerbittlech.

«Dänk, zersch hei sin ihm es Rüüschelihemmli aagleit gha, öppis Stuurms eso», ergeuschteret sech d Mueter.

Mir stöh zäme i däm uheimelige Ufbarigsruum u me chönnt nid meine, dass dusse ds schönschte Höiwätter wär. D Mueter probiert gäng wider di viile Schleifechränz z zeuue u redt mit em Vatter.

Er heig itz ds rächte Hemmli aa, seit si.

Es isch eis mitere plissierte Bruscht u emene wysse Schlips. Aber das passt o nid zum Vatter, zumene Maa, wo sys Läbe lang mit Lyb u Seeu e Puur isch gsi. Mi hätt ihm gschyder eis vo syne schöne, wysse Sunndighemmli aagleit, fahrts mer düre Chopf.

Dr Sarg isch mit rote Rose gschmückt.

«Gäu, d Rose sy schön», chüschelet d Mueter.

Di Gueti, si het doch ihrem Maa, wo si syt föifefüfzg Johr Fröid u Leid mit ihm teilt het, no öppis Schöns wöuue mit uf dä läng, unbekannt Wäg gä.

I ha em Vatter letschti Wuche o no drei Rose bbroocht. D Verchöiffere het grüemt, das syg e bsungersch gueti Sorte, di göi de sicher uuf. Aber chuum sy di Blueme im Chrankezimmer gsi, hei si d Chöpf lo hange u nid eini hätt dr Chnopf uftoo. Di Rose hei dr Tod voruusgschpürt.

Dr Vatter het i dr Letschti fasch nume no gschlooffe u ggä zmerke, är wöu itz go, sy Lydeszyt syg äntlech ume. Zwische däm stouze Maa vo früecher u däm schittere Greis vo hütt, wo do süüferli em Tod zuedämmeret, isch es längs, arbeitsrychs Läbe. Niemmer hätti ddänkt, dass üse Vatter, wo gäng gmeint het, är syg dr Sterchscht, einisch so chrank u hiuflos müessti dolige.

Si hein ihm grad früsch bettet gha, won i gäge Oobe no hurti bi cho luege wis göi. Das Ufnäh het dr Vatter schuderhaft aagschträngt u chuum isch er i de früsch ufgschüttlete Chüssi gläge, het er d Ouge wider zueto.

D Chrankeschweschter, wone au di Johr düre mit dr Mueter zäme so vorbiudlech pflegt het, probiert ne gäng wider z wecke, u o d Mueter rüeft aupott sy Name. O we di zwo Froue gwüsst hei, dass dr Tod füre Vatter en Erlösig isch, hei sis no nid chönne verstoh, dass er itz ihri Fürsorg nümme bruucht.

I bi chly a ds Bett ghocket u ha mer einisch meh probiert zäme zryme, warum mir üüs o gäng so schlächt verstange heig. Aber i ha ke Antwort übercho. Nume einisch het dr Vatter d Ouge ufto, ds Muu bbüschelet u müehsam probiert, mer öppis z säge. O win er sech aagschträngt het, d Wort syn ihm im Haus bliibe stecke u dr Vatter het das, won ihm no so wichtig isch gsi, das, won er mer vilech es Läbe lang het wöuue säge, mit i ds Grab gno.

Irgendeinisch i dr Nacht isch er du gschtorbe. Niemmer weis gnau wenn. I ha das fasch nid chönne begryffe, un es het mi schuderhaft tuuret. Itz isch dä Vatter johrelang däwä pflegt u verwöhnt worde u zletscht mues er no eleini stärbe; niemmer isch do gsi u het ihm d Häng gha.

Letschti Wuche han i im Troum d Grossmueter u d Gotte gseh. Itz chöme si ne cho reiche, han i ddänkt. U so isch es gsi: am Geburtstag vo syr Mueter isch üse Vatter gschtorbe.

«Der Herr ist mein Hirte, mir wird nichts mangeln», hets uf Vatters Wunsch i dr Todesaazeig gheisse. O dr Pfarer het bi dr Beärdigung über dä Psalm prediget.

E schöne Spruch het dr Vatter do usegläse. Emänt het ne sy Lydeszyt doch e chly weicher u umsichtiger gmacht, han i ddänkt u mi chly gschämmt, wüu i vori bim Grab ke einzigi Träne vergosse ha.

Bi dr Grebt het me e Huufe bekannti Gsichter troffe u auui hei mer gseit, wi sii doch my Vatter gschetzt heig.

«Aber ii nid», hätti ne am liebschte a Chopf bbänglet. I ha gäng mit ihm uf Chriegsfuess gläbt u ne aube bös übere Tisch ewägg aagfunklet, wen er eini vo syne säubschtherrleche Rede gfüehrt het.

Mir Ching hei nid viiu ggulte bin ihm, höchschtens dr Stammhauter het zeut. O üsi Schueubiudig isch ihm nid wichtig gsi. Das syg Näbetsach, het er sech aube usegredt. D Houptsach, mi chönn wärche.

U wärche hei mer müesse, vom Morge bis am Oobe un ihm mit üser Arbeit d Taglöhner ersetzt. Nume die, wo gwärchet hei u Chraft hei gha, hei bi üsem Vatter öppis ggulte. Für Chranki u Schwachi het er ke Mitleid zeigt. Die syg für nüüt u choschti nume e Huufe.

Itz isch dr Vatter im Himu obe u mir truure um ihn, win es sech für aaständigi Lüt schickt. Aber won i d Danksagig ufgsetzt ha, han i mi bim letschte Wort vertippt u Trauen- statt Trauerfamilie gschribe.

Was söu itz das heisse, han i ddänkt, wäm chame de do nid troue? Dr Vatter het is doch sone schöne Spruuch hingerloo! «Der Herr ist mein Hirte, mir wird nichts mangeln», tönt doch so fridlech u versöhnlech! Mi meinti doch, hinger dene Wort stöi öpper, wo für auui nume ds Beschte wöu.

Wo d Kopie vom Teschtamänt pär Poscht isch cho, han i das Züüg schnäu düregläse u nächhär grad ine Egge gschosse. Je weniger i mi dermit befassi, umso weniger tüengs mer weh, han i gmeint.

I ha itz o begriffe, warum ii i dr Letschti gäng wider vo Fleisch troumet ha, won i doch ds Fleisch gar nid bsungersch schetze.

Im einte Troum probieren i d Mueter dervo abzhaa, us Rindsfilet e Fleischchueche z mache, u imene angere isch ds Fleisch vou Made gsi. Einisch mues i e Brate mache, wo d Form vomene Chueche het u my Brueder nächhär i unglychi Bitze schnydt, u ds angermou hocket d Mueter mit myne Gschwischterti u Schwägerinne umene Tisch ume u git es grosses Ässe. Nume für mi isch ke Platz. I nime mer säuber es Täuuer u fische usem Suppehafe, wo näbe dr Mueter am Bode steit, e Bitz Fleisch use. Amene Tischegge zwängen i mi de zwüsche di angere yche. Aber eini vo de Schwägerinne brüelet mi aa u seit ufläätigs Züüg. I ha mi nid rächt chönne wehre u nume gseit, i wöu lieber ehrlech dür d Wäut. Druuf bin i ufgschtange u ha di Gseuschaft verlo.

U genau so isches usecho: dr Stammhauter isch lut Teschtamänt bi däm kuurlige Fleischteilet zum gröschte Bitz cho, d Schwägeri het es uverschants Muu gfüert u mir angere sy di Dumme gsi.

D Mueter het üses Gchäär nid chönne begryffe u gjammeret, dr Vatter heigs dänk nume guet gmeint u wöuue derfür sorge, dass d Sach binangerblybi, mir syg nüüt aus gäutgyrigi Hagle.

Won i chly verrouchnet ha gha, han i dr Mueter einisch amene Sunndig aaglütte, für z frooge wis göi. «Schlächt», het si gseit, «schlächt». Si hätti nie ddänkt, dass si so ungfröiti Puurscht heig, si wüss nid, wi si so öppis verdieni. D Schwigertochter syg o ganz zum Hüsli uus u mit em Pfarer go rede, aber dä chönn o nid häuffe.

Geschter syg e Maa dogsi, wägem Grabstei, fahrt si wyter. Si heig ddänkt, mi tüeng eine us Granit häre.

«Meinsch, das passi», wott si vo mer wüsse.

«Jo, jo, Mueter, Granit, das passt.»

Le Déjeuner

Am Sunndig göi mer wider einisch auui mitenang i ds Balzar go z Mittag ässe, hei mer abgmacht. E Fründin vo Bärn isch do gsi u das het Glägeheit ggä, di Lüt vo dr Rive gauche wider einisch z träffe.

Aber churz vorem Furtgo het eine vo dene Copains aaglütte u gseit, «me» heig sech angersch bsunne, «me» wöu lieber i ds Marais i das feine Teehuus go brönsche.

Dä hätt sauft grad chönne säge, d Madame wöus eso ha, hei mer im Chor ufbegährt, mir hei auui gwüsst, wär i däm Club ännet dr Seine ds grosse Wort füehrt. Was d Madame wott, isch heilig, u di Manne umse ume gö bim chlynschte Gyx vore i d Chnöi.

Dr Gérard isch toube worde u het gseit, är löi sech äuwä vo dere lo desumekomandiere, är göi mit syne Lüt i ds Balzar go Surchabis ässe, baschta. O dr Jean-Luc het ke Fiduz gha, mitzcho, är chönn uf di «Branchés» verzichte, u mir isches nume rächt gsi.

My Fründin het afe voruus wöue i d Stadt u frogt bim Go, öbs mer eigetlech nüüt usmachi, di Lüt nach so langer Zyt wider z gseh. Ne-nei, han i bhouptet, bi im Badzimmer verschwunde u chly lenger vorem Spiegu gschtange weder süsch. Gäge Mittag bin i dür ds Marais gschläärpelet u ha gmacht, dass i öppe e Haubstung z spät chööm. Hie isch me säute pünktlech un i ha nid wöuue di Erschti sy.

We me i das Teehuus yche chunnt, meint me zersch, mi heig sech ine Apiteeg verlüffe. Vore linggs, näbem Ygang sy hööchi, kasseteartigi Gschteu, jedes Fach grad gross gnue, dass e glänzigi, schwarzi Büchse Platz het, wo mit guldige Lettere d Teesorte aagschribe isch.

O di Here hinger dr Theeke luege so gschyd u ärnscht us ihrne wysse Schüürz use, dass me gwüss meint, si verchouffi Doktermittu. Tee isch äbe o ne ärnschti Sach u di Lüt, wo sech do us drühundertvierenachzg Sorte ihre Lieblingstee lö lo mische, trinke äuwä würklech gärn Tee u hei uf au Fäu e Huufe Gäut.

Es het o ne ganzi Usstelig vo Teechanne, vo dr koschtbarschte chinesische bis zur siuberige «Art Déco» isch aus verträtte. I ha ke Ahnig, öb me se chönn chouffe oder öb si nume zur Garnitur dostöi.

E chly dumm u deplaziert bin i mitts i däm Teelade gschtange u grad gwährweiset, öb i ächt nid gschyder wider umchehrti, wo ne Chäuner uf mi zuechunnt u frogt, öb i e Tisch bschteut heig.

«Jo, jo», han i gseit, «mi warti scho uf mi.»

Dr Chäuner isch voruusgfäcklet, het um di grossi Fächerpaume e elegante Boge gmacht u gäge hingere dütet. Schigg isch er aagleit gsi: es wysses Lynechleid, Ton i Ton mit de grosse Tulpe i dene grüüslige Bluemevase.

Dä verwinklet Ruum het d Wäng vou Spiegu, aus het me dopplet gseh u ne Momänt lang han i gmeint, dert äne stöi grad e Glychligi win ig.

Es sy scho auui dogsi, hinger im Egge amene länge

Tisch. Süüferli bin i uf se zueggange u ha jedem es Müntschi uf d Backe ddrückt. Obe am Tisch han i müesse Platz näh, d Madame hets eso wöuue ha. Si het mer o sofort d Spyscharte häregschtreckt u derzue o no grad vorgschlage, was i söu bschteuue. Me tüeng drum itz z Paris brönsche, Zmorge ässe wi d Ängländer.

Das syg nüüt Nöis, han i abgwunke, das mach me i dr Schwyz scho lang.

«Du bringsch chaut yche», seit ihre Jules zue mer. U für ihm z zeige, dass er rächt het, bin ihm mit myr chaute Hang über sy unrassierte Backe gfahre.

D Madame het chly düppiert zuegluegt u resolut em Chäuner grüeft. Dä isch cho z gumpe u het mi gfrogt, was i für Tee wöu.

«Eh, es Schwarztee», han i gseit, «ganz e gwöhnleche Schwarztee.» Dr Chäuner het mi läng aagluegt u derglyche too, är verstöi mi nid. «Weli Sorte meinit dihr, Madame?»

Di ganzi Tischrundi het gschpannt druf gwartet, dass i öppis Passends sägi: öppe e «Goût russe», e «Earl grey» oder mynetwäge e «Assam». Aber mir isch nüüt settigs i Sinn cho u i ha mit myr länge Leitig gäng no nid begriffe, warum me i somene noble Etablissement nid eifach es lapidars Tee chönn bschteuue.

«Nimm doch e Darjeeling», het mer eine vo dene Manne us dr Patsche ghulfe, un i bi gottefroh gsi, isch dr Chäuner mit der Bschtelig äntlech abzottlet.

Ersch itz han i Zyt gha desumezluege. Momou, gedige isch es hie! D Chäuner, wi gseit, i wysser Lyne, o wyssi Lyne uf de Tische, fyne Porzellan u schwärs Siuber, mächtigi Bluemestrüüs u dezänti Musig.

O d Gaschtig isch derno gsi: di jüngere schwarz-wyss mit riisige Ohreringe, di eutere im «Costume» u ächtem Schmuck. Vis-à-vis vo üüs isch es Pärli ghocket. Mi het ds Gfüeu gha, di Zwöi gsei sech hütt zerscht Mou. Är fein gschalet, mit Poschettli u Sydegrawatte luegt nach jedem Bys Chueche sy Partnere lieb aa. Si, früsch vom Coiffeur u mit chly zviiu Schmuck, hocket zvorderscht ufem Stueu u spiut gäng mit em Löffeli.

Am Näbetisch schmöckts uf ds Mou nach Aprikose. Di Dame nimmt es Schlückli vo däm koschtbare Aprikosetee u seit zu ihrer Fründin: «Il est pas terrible!»

I ha a mym Darjeeling o nüüt bsungerschs gfunge. Bsungersch isch nume dr Priis gsi!

Unger am Tisch het üse Copain gäng no uf sys änglische Zmorge gwartet. Nachere ewige Lengi isch afe dr Toast cho, ine Serviette ygliiret. Aber nüüt derzue!

Das isch meh es Gschleipf weder nobu, oder mynetwäge es nobus Gschleipf, pöchelets i mer inne. Nachere Haubstung het d Madame energisch em Chäuner grüeft u befole, är söu dä Toast wider zrüggnäh u ihri Chässchnitte mit Salm o grad, das Züüg syg jo chaut!

Dä Boy isch abgschuenet u het glydruf es Rüehrei mit Kaviar bbroocht «et le toast pour Madame».

Öppe nach zwone Stung hei mer äntlech auui öppis z ässe gha. My Fründin hätt zu ihrem Fleisch no gärn chly Wy gha u em Chäuner gseit, är söu grad drü Gleser bringe, äs nähm de vilech süsch no öpper e Schluck.

Do luegt d Madame ihre Jules früntlech aa u seit: «Jo, jo, du darfsch o nes Glas Wy näh!»

Das isch jo no schlimmer aus früecher, han i ddänkt, u dä loot sech das lo biete u fouget win es Hüngli!

Dr erscht Wy het Zapfe gha u bi dr zwöite Fläsche het dr Chäuner so lang gmuurgset, dass me gmeint het, är heig no nie e Wyfläsche gseh. Derfür het er du bim Yschänke gjuflet un es Glas umgheit. Di zwöiti vom Beethoven het für Stimmig gsorget, dr Chäuner isch mit ere früsche Serviette cho z springe umene subere Glas, het dasmou chly süferliger ygschänkt u üsi Fründin het äntlech e Schluck zu Ehre vo däm formidable Déjeuner chönne trinke.

I mües einisch vo der wunderbare Confitüre versueche, seit d Madame, das syg öppis ganz Appartigs. I ha vo beidne Glesli es Löffeli vou gschläcket u gseit: ds einte syg Öpfugelée ohni u ds angere Öpfugelée mit Roseduft. Si sy enttüüscht gsi u hei mers nid wöuue gloube. I ha ddänkt, vo mir uus chönn si di Confi aus Zwätschge ässe.

Dr Zwätschgechueche tüeng er mer de sehr empfäle, seit dr Chäuner, wo sech di gröschti Müeh het ggä, syner faux pas uszmeerze.

D Callas het grad fertig gsunge gha, won er mit däm Zwätschgechueche isch aamarschiert. E drüeggige, bruun-glänzige Brei ischs gsi, wi Melasse. Pürierti, düüri Zwätschge, so süess, dass es Fäde zoge het. Wi söu me ächt mit emene settige Gchaarscht nobu tue? Derzue het itz dr Paganini aafo gygle, wi denn im

Summer… u myner Gedanke sy langsam wäggschliche, in es angersch Land u i ne Zyt, wos nümme git.

Denn sy mer aube o ne ganzi Kuppele amene grosse Tisch ghocket u komischerwys het denn o dr Paganini gyget u d Callas het ihri «Carmen» im Hof hingerem Huus so lutt u ydringlech gsunge, dass es eim chaut übere Rügge glüffe isch. Bis wyt i d Nacht yche sy mer mängisch am Tisch ghocket. Je hitziger di angere diskutiert hei, je meh Glägeheit hei mer gha, enang dür ds Cherzeliecht düre aazluege. Lang? Vilech zweeni lang!

U itz hocke mer do i däm feine Teehuus, sy «branchés», tüe höflech u ässe schön. Är e richtige Jules, si ufsässiger denn je un i bi chly truurig, cha gäng no nid begryffe, warum mer denn dr Zug ohni üüs hei lo abfahre. Wyt furtspringe hätt mer söuue! Aber derzue het is dr Muet gfäut u mir sy brav uf üsem Aastang blybe hocke.

I luegen e vo dr Sytte aa. Är macht nümm eso ne fröhleche Ydruck wi denn, är het sys Jugentleche verloore.

«Du geisch i d Breiti, my Liebe, u überchunnsch e Buuch», dänken i boshaft. «Wirsch äbe nume gfuetteret u nid ernährt!»

Di Zwöi hei vorem Ässe di ewigschti Lengi vo däm Haguzucker gschnouset, wo uf jedem Tisch steit. Aber nid öppe mit em siuberige Schüfeli, win es sech ghört hätt, ne-nei, vo Hang u i eire Hektik.

Eh, eh, wi chame nume, heit dir Süesses nötig?

Itz het dr Jules us Verseh mys Mütschli gno u strycht mit mym Löffeli Confi druuf, Öpfugelée mit Roseduft.

I luege zu dr Madame übere u gseh ihre überdimensional Solitaire a dr lingge Hang funkle. Mit zwone schwäre, siuberige Chöttine chunnt mer ihre Arm vor wi gfesslet u unwillküürlech luegen i uf di angeri Sytte, öb a Jules Handglänk emänd o so ne Chötti rassli. Aber er treit e Uhr, e schöni schwarzi, mit wyssem Ziferblatt u römische Zahle. Grad e settigi, win ihm synerzyt so gärn us dr Schwyz mitbbroocht hätt. I ha mi denn soo uf di Uhr verstyft, dass si mer sogar im Troum isch vorcho: schwarz mit emene wysse Ziferblatt u di römische Zahle hei haubivieri gha.

Mit eim Ohr ghören i, weler Usstelige me sött go luege, weler Fiume guet u weler miserabu syg. U itz verzeut d Madame öppis vo Japan.

«Japan», das isch doch grad wi i däm Troum, won i öppe vor dreine Monet ha gha! Mir sy o auui umene Tisch ghocket, grad di glyche Lüt wi hie sy. O im Troum hei mer müesse uf ds Ässe warte. Öpper het e grasgrüene Salat gha un i ha afe es Blatt dervo gschnouset, derzue hei mer über Japan gredt.

Das Grasgrüene näbe mir isch zwar ke Salat, aber d Madame treit e grüene Pullover. Dr Service isch so schlächt wi im Troum u d Reed isch vo Japan.

I hocke do, wi ds föifte Rad am Wage, weis nid, was di Tröim z bedüte hei u em Jules sy Uhr het haubivieri...

I dr Metro

D Pariser sy nid öppe vo de erschte gsi, won e Metro hei gha, im Gägeteil: i angerne Stedt isch me scho lang pär Schnäubahn gfahre, wo d Franzose gäng no zäme gschtüürmt hei, wie u wo si ihri Metro wöu boue.

Das Palaver syg füfzg Johr ggange u 1880 heig me du äntlech aagfange u zwo Linie gmacht, chrüz u quer dür Paris, vo dr Porte de Vincennes zur Porte Dauphine u vo Clignancourt zur Porte d'Orléans. Bis zur Wäutusstelig hätts doch chly söuue e Gattig mache u zletscht heig si müesse jufle wi verruckt u angerhaubs Johr lang Tag u Nacht dranne gschaffet.

Hütt chönnt me sech sone Stadt wi Paris nümm ohni Metro vorsteuue. Wes früecher zwo Linie het gha, synes itz füfzäne. Es drühundert Kilometer längs Spinnelenetz verchnüpft di ganzi Ungerwäut vo Paris. Aus, wo der Stadt Läbe git, chunnt usem Bode use: ds Wasser, d Elektrizität, ds Telefon, d Abwasser u äbe o d Metro.

O ne grosse Teil vo de Lüt isch z haubzyt ungerem Bode u wäge däm gseh d Stroosse o gar nid gäng so überfücut uus.

We me wett, chönnt me mit eim einzige Billie für drei Francs zwo Stung Metro fahre, d Lüt studiere u di verschidene Stationne. Wes i dr «Crimée» ender düschter u chly dräckig isch, glänzts im Zäntrum umsomeh.

Im «Louvre» hets scho i dr Metro nide Kunscht u we me «Franklin-D. Roosevelt» i dicke, guldige Lettere gseht glänze, bruuchti me gar nid uszstyge, mi wüsst o so, dass me im mondäne Viertu isch.

Bim Metrofahre wird d Wäut plötzlech chlyn u vo «Stalingrad» uf «Rom» isches nume e Chatzeggump. We me wott, cha me zwüschyche no gschwing e Abstächer ufe Montmartre mache u go luege, öbs dert obe no es paar Maler gäb oder öb itz di tüechtige Gschäftslüt dr ganz Platz zure Beiz umfunktioniert heig!

«Quelle triste époque», chönnt me säge, we me di Gartewirtschaft gseht. Läppischi Granium u roti Tischtüecher, ringsetum d Staffeleie vo de letschte Maler, wo sech nid wei lo vertrybe u trotz Bierfeschtstimmig wunderschöni Biuder male u d Tourischte portraitiere.

D Ambience i däm guete aute Montmartre isch eifach e Hohn! D Tourischte wärde pär Car grad bis vor d Beize gfüehrt, d Snobs dörfe ihrer Superchläpf uf däm winzige Dorfplätzli parkiere, mitts dür das Gnuusch düre suecht sech es Miniaturbähndli à la Walt Disney e Wäg u für däm ganze Spektaku e feschte Rahme z gä, steit Tag u Nacht e riisige Polizeichare do u d Flics gäng i Alarmbereitschaft.

Ganz im Gägesatz zum Montmartre het d Metro ihre Charme bhaute. Es het o no es paar Plätz, wo me meint, d Zyt syg blybe stoh. I de «Abbesses» zum Byschpiu. Zersch meint me zwar, mi chööm überhoupt nie meh a ds Tagesliecht, di Couloirs dert sy läng u uheimelig. U dert, wos «Sortie» heisst, isch nüüt aus e riisige Lift, so gross wine Laschtwage. Es tüütlet, d Türe geit zue u di Geischterbahn fahrt obsi u obsi, äs wott nümm höre. Nächhär wider Stäge u Gäng u äntlech gseht me Liecht u chunnt ufenes schöns Plätzli.

I mues afe chly abhocke u verschnuufe. Di Reiserei ungerem Bode isch praktisch, aber mir ischs nie so wou derby. I verlüüre gäng grad sofort d Orientierig u weis niemeh, wo Oschte u Weschte isch u louffe de mängisch i dr verchehrte Richtig i dr Stadt desume. Metromanie säg me däm. U das ha nid nume iig. Die Lüt, wo au Tag müesse Metro fahre, überchööm aubeneinisch e regurächte Metrokoller un ii chan es nochefüehle.

Es git Statione, won i myde wi d Pescht. «Châtelet» zum Byschpiu, wo zu gwüsse Zyte bis zu füfzgtuusig Lüt düregschlöist wärde. Kilometerlang vo eim Perron zum angere überne Routeppich z louffe, isch nid my Gschmack, derfür umso imposanter für d Chinolüt; a settige Orte wärde öppe Fiume trääit.

O hie i de «Abbesses» gäbs e schöne Streife, vilech nid sone realistische. Wi bi viiune Metrostatione isch do dr Ufgang no i der verschnörglete, häugrüene Ysekonschtruktion us dr Johrhundertwändi. Ungerem haubrunde, gfächerete Glasdach steit mit grosse Buechstabe «Métropolitain», aber d Chläber druffe, wos heisst «Votez Le Pen» mahne eim dra, dass di romantische Zyte äuwä ändgüütig verby sy, o we di Stägegländer no so schön sy.

Zwe Manne i grüene Überchleider wüsche langsam u umständlech um di aute Latärne ume, putze d Hundsdräcke bi de Plataane zäme u d Zigarettestümpe unger de Bänk füre. I dr Eglise St. Jean schloots Eufi, ds «Café du Métro» isch no läär, mi meint, hie syg niemmer pressiert u d Outo fahri langsamer weder bi dr «Madeleine» äne.

Es paar Tourischte chöme zur Metro uus, dr obligat Plan i dr Hang, luege chly enttüüscht desume u wüsse nid, was es do z luege git. E auti Frou fuetteret d Tube unes chlyses Täutscherhüngli verschüücht se gäng grad wider.

«Paris is e Patchwork» heissts dunger i dr Metro ufere Affiche. «Abbesses» isch eine vo dene Blätze i däm farbige Tappi. E häugrüene mit wyss u grau, eine, wo chly Rueh git i däm Dürenang vo Farbe, Grüch u Töön.

Eini vo myne liebschte Reise isch die vo «Jaurès» bis zur «Etoile». Do fahrt me dür Kontinänte!

Zersch isch me no z Frankrych. Mi redt Französisch u d Lüt sy französisch. D Froue i änge Schüpp u uf hööche Stögelischue spienzle ihrer tadulos pflegte Bei. D Manne läse d Zytig u di Junge rede z lut u tüe, wi wene di ganzi Wäut ghörti.

We me de Richtig «Chapelle» fahrt, änderets. D Fahrgescht wärde gäng bunter, d Hutfarb gäng dünkler u gredt wird i auune Sprache. Hie chunnt d Metro zum Bode uus u vom «Highway» gseht me i das Viertu ache, wo äuwä mängem e Dorn im Oug isch. D Stroosse ei riisige Bazar, d Trottoir gschtoosse vou Lüt, d Hüser hingerdra di haube am Zämegheije, linggs u rächts vo dr Metro e Outoschlange u mitts i däm Gschtungg e Märit, so farbig u so lut, dass me meint, äs heig eim ines frömds Land verschlage.

Um d Pigalle ume wird de meh Änglisch u Dütsch gredt u vo «Courcelles» aa wirds wider ganz Französisch, nume e Spur nobler aus i dr «Jaurès». I dr «Etoile» spickt eim e Roustäge zmitts uf ds Trottoir, dert häre, wo me aus Usländer uf au Fäu mües gsi sy: uf de Champs Elysées. Hie flaniert aus, wo Rang u Name het u wo wott gseh wärde.

I stige meischtens scho e Station früecher uus. I dr «Ternes» landet me, we me d Stäge ufchunnt, zmitts imene Bluememärit. Es schmöckt so fein, wi aube bi üüs deheim im Garte u mi vergisst fürne Momänt di lärmigi Grossstadt.

Wär e Schwechi het für ds Ysebähndle, sött einisch bis «Passy» fahre, d Stäge uuf u obeacheluege, wi d Metro aus luschtigs blaus Zügli zum Poort uschunnt, schnuergrad über d Bir-Hakeim-Brügg gäge d Grenelle überefahrt.

E berüehmte Maa heig einisch gseit, we me ihm syner Büecher wägnähm, gieng er eifach au Tag i d Metro u würd i de Gsichter läse.

Näbe aune Schattierige hets vor auuem zwo Sorte: die, wo so müed sy, dass si am liebschte wett yschlooffe u die, wo gäng zwüsche dr Tür u em Pländli obedra hin u här luege u angschte, si verpassi di richtigi Station. Zu dene han i früecher o ghört. Mit der Zyt merkt me de ohni umezluege, wo dr Zug yfahrt, weli Kurve, dass er nimmt, bevor er zur Gare de l'Est chunnt u me mues umstige. We me cha, mydet me d Stooszyte u louft gschyder e chly. Das isch gäng no di beschti Art, e Stadt lehre z kenne, eifach druflos dr Nase no, Paris isch vou Überraschige, schöni u weniger erfröilechi.

Es isch nid ratsam, spät i dr Nacht aus Frou eleini Metro z fahre. O am Tag heissts ufpasse. D Taschediebe sy tifigi Lüt. Drum louft me gschyder nid mit Schmuck u zviiu Gäut desume u hänkt ds Täschli vorabe. Am gschydschte hätt me gar kes. Aber wo söu me de mit syne sibe Sache hie? D Manne heis do gäbiger, di hei e Chuttebuese.

Mi mues o nid meine, do syg de grad e Polizischt i dr Nööchi oder di angere Passagiere häufi eim, wenn öppis passiert. O nei, do luegt jede für sich, Solidarität isch nid gross gschribe. U d Polizei flaniert lieber z vierehööch uf de Trottoir ume, strycht e de Parkuhre no u verteilt saftigi Buesse, we Zyt abglüffe isch. Das isch yträglicher aus chlyne Diebe nochezspringe oder ds Gjammer vo de Opfer abzlose. Settigi Chlaage hei si scho ganzi Schublade vou.

Drum heissts ufpasse u sech säuber lieb sy.

D Metro het über vierhundert Statione un es wärde gäng no meh. Es paar dervo sy o so öppis wine Wohnstube für di Obdachlose, «les marginaux», die, wo niene häreghöre. Bim chaute u wüschte Wätter lö si sech zuche, hocke stungelang bi de Perron nide u wärme sech. Meischtens sy es paar zäme. De verzeuue si enang längfädigi Gschichte u näh zwüschyche gäng wider e toue Schluck us dr Fläsche. We si gnue trunke hei, lige si quer über drei Stüeu, dr Plastiksack, wo si ihres ganze Hab u Guet drinn hei, aus Chopfchüssi u troume vore bessere Wäut. Mi het dr Ydruck, di Clochards kenn sech au zäme, si syg so öppis wine grossi Familie.

Viiu unglücklecher u einsamer chöme eim die vor, wo i de zügige Gäng stöh u bättle. Mängisch hei si e Zedu i dr Hang, wo ihres ganze Leid drufgschribe isch. Di Lüt mache mer gäng es schlächts Gwüsse, es dünkt mi, i sött jedem e Batze gä

I dr «République» hocket johruus, johry e auti Frou dunger bim Perron, gäng am glyche Ort, näbe de rote Stüeu uf däm breite Bank. Si verchouft Nüssli, jedi Sorte: spanischi, Pistache, Hasunüss u Sunnebluemechärne. Si het gäng es Hämpfeli Nüssli uf dr Schooss u schoppet se mitere Ängusgeduld ines Cellophanseckli. Di ewigschti Lengi cha si chnüüble u het ke Rueh, bis di Spanische schön i Reih u Gliid verpackt si.

Es Brättli überem Märitwägeli git grad dr Ladetisch. Dert isch di War schön usbreitet u aubeneinisch nimmt eine vo de Passante sones Seckli u streckt der Frou drei Francs häre. Ohni ufzluege sacket sis y, seit chuum merci u nuuschet scho wider i de Nüssli ume.

Vo Zyt zu Zyt drääit si a ihrem Radiööli, wo gäng näbere steit. Mi weis zwar nid, wi si bi däm Lärme do i dr Metro unger no cha Musig lose. Aber vilech isch dä Radio so öppis wine Begleiter, eine, wo taguus, tagy näbere höcklet u se chly ungerhautet. Si het vilech zu däm Chäschtli meh Kontakt aus zu de Lüt umse ume. Mi het o ds Gfüeu, es sygere glych, öb si öppis verchouffi, d Houptsach, si chönn Nüssli i d Seckli tischele.

«Paris is e Patchwork», das isch e dr Metro ihre nöischt Wärbespot. Es Patchwork, wos vo dr biuuigschte Bouele bis zur tüürschte Syde aus het u zwüschem Ghüselete, Gschtreiflete u Blüemlete aubeneinisch e toue Blätz späckige Manschester oder e Bitz Jeans mitemene luschtige Flick druffe.

Wen i mängisch z Bärn uf dr Schanze obe stoh u über d Stadt gäge d Bärge luege, wünschen i mer jedesmou, d Bärner hätt o ne Metro u im Geischt foon i gäng grad aafo boue.

Zersch lon i afe dr Bahnhof lo verschwinde u steuue wider e glychlige häre, wi mer früecher hei gha. Dä do hie passt zu auuem, wo ringsetum steit, wine Fuuscht ufenes Oug! Was mues itz dä hööch Glaschaschte däwä d Gägend verhundse u d Ussicht verschpere?

I schäme mi jedesmou, wen i Visite vo uswärts ha un i mues säge, dä gschpässig Ränditebou do nide syg üse Bahnhof.

Do gon i scho lieber mit myne Gescht hie z Paris i Gare de Lyon i «Train bleu» gon es Ggaffee ha. Mir hei früecher on e schöne Bahnhof gha mitemene gmüetleche Buffet; itz hei mer es Gschäftshuus mit parne Beize u zäche Perron.

Warum hei di Manne nid grad chly wyterglochet, wo si d Ungerfüehrig zum Loeb übere gmacht hei?

Wiso isch me nid uf d Idee cho, ds Tram, dr Bus u dr Durchgangsverchehr ungere Bode z verlege u vom Bäregrabe bis zur Insu u vom aute Tierspitau zum Bahnhof e Metro z mache?

Näh mer itz einisch aa, das wär eso. De hätt d Heiliggeischt-Chiuche wider Platz u chönnt schnuufe, wär nid umgarnet vo elektrische Leitige u verbetoniert bis zucheaa. Dert, wo früecher d Rossschwemmi isch gsi u hütt ds Tram dürefahrt, hätt mer e schöne Park u ds Burgerspittu chäm wider zur Gäutig u müest nid im Lärme u i de Abgas erstickc. D Fuessgänger chönnt unghinderet vo dr Spittugass zum Bahnhof übere louffe u aus, wo Redli het, fier äbe ungerdüre.

Ne-nei, dä Bahnhof passt nid zu üser schöne Stadt! Nüüt aus Beton u Asphaut um dä Glaschaschte ume. Es wird o nid viiu besser, we me es paar Iseli-Piuze a d Leitigspföschte chläbt un es paar Miuchchanne aus Kunscht häresteut; di meischte Lüt wüsse sowiso nümm, dass es einisch es Miuchgässli het ggä. O d Graniumchüble chöi das Pfuschwärch nid rette u ersetze ke Boum.

We z Paris dr Bode no so vou Röhre u Leitige isch, i jedem Ströössli, uf jedem Platz, aber o i dr gröschte Avenue wärde Böim gsetzt, das isch hie Ehresach.

U wi isches eigetlech z Bärn?

Luftwürze

Zwüsche Bärn u Paris hin u här z pändle chunnt mer mängisch vor, wi wen i würd ufemene Seili tanze. I bi nie so sicher, öb i änenoche guet aachööm u nid öppe einisch zwüscheache gheiji. I ha o gäng Müeh furtzgo, sygs vo Bärn oder vo Paris. A beidne Orte sy Mönsche, won i gärn ha, hets e Ort, won i chly deheime bi.

Äs isch jedesmou spannend, wen i mi uf di Reisli vorbereite un i mache aube es Züüg, wi wen i uf Amerika gieng. Derby sys nume vierehaub Stung mit em TeScheWe; e Chatzeggump. Mit em Outo geits e chly lenger, u eigetlech wär es schön, quer dür Frankrych z fahre, de z Besançon rächts aab, düre Jura uuf u heizue. Nume isch mer syt letschte Herbscht die Art Reiserei verleidet.

«Wi chömet dihr derzue, französischi Nummero z ha, we dihr doch e Schwyzere syt», het mi z Pontarlier dr französisch Zöuner aagschnouzet u derzue Ouge gmacht wi Pfluegsredli. I han ihm erklärt, mys Wägeli syg äbe z haub Zyt z Paris u dert fahr me gschyder mit französische Nummero desume. Das het mer dä Mändu nid wöuue abnäh. Vilech isch er o no nie z Paris gsi u weis nid, wis dert i dene totau verstopfte Stroosse zuegeit, het ke Ahnig, wi me do mues d Zäng zeige, dass me nid grad vertrückt wird. U de ersch no mit emene Schwyzernummero! Das isch es gfungnigs Frässe für d Franzose; di meischte hei d Schwyzer sowiso uf dr Latte; i dr Schwyz heigs jo nüüt aus Banke u ne Huufe Gäut.

Dä Zöuner het mi geng no suur aagluegt u gseit, i söu ihm einisch mys Täschli zeige. I ha gmeint, i ghör nid rächt. Was faut däm Kärli eigetlech y? Was er suechi, han i gfrogt. Das göi mi nüüt aa, i söu itz sofort das Täschli gä!

Dä het hütt äuwä sy schlächt Tag, han i ddänkt un ihm mit Widerwiuue mys Täschli usghändiget. Wi dä dert drinn het aafo desumenuusche! I han ihm fasch nid chönne zueluege u no einisch gfrogt, was er de ömu o suechi.

Das göi mi nüüt aa, het er wider umeggä u mer mys Scheckheft entgägegschtreckt u gseit: «So, u was isch de das?» Derby het er gschtrahlet wi ne Meiechäfer u gmeint, itz heig er «le grand coup» gmacht, do heig er bigoscht eini vo dene Drogehändlere verwütscht oder emänd syges e Gäutwäschere u vilech grad beides! Do mües doch öppis luusch sy, eini, wo eigetlech z Bärn wohni u aupott uf Paris vaganti. Er het gäng no gschtrahlet u sech wahrschynlech scho vor uf dr Titusyte vomene Boulevardblatt gseh.

I söu einisch dr Ggofereruum uftue, het er mer mit emene Fäudweibuton befole.

Du blöde Hagu, han i ddänkt, i hätt dä Mändu uf dr Steu chönne verrybe... Es settigs Theater go ablo, für nüüt u wider nüüt. I ha doch früech wöuue deheime sy, bevor dr Näbu chunnt!

I bi usgschtige, ha dä Zöuner bös aagschiferet u dr Techu vom Ggofereruum lo ufschnappe, haarscharf a sym Chopf verby.

Itz isch di Schnüflerei ersch rächt losggange: aus het er mer erläse, lybermänts aus! Er het sogar wöuue wüsse, was i do gschribe heig. «So lis doch, we de Bärndütsch chasch», hätti gärn gseit, aber i ha mys Muu ghaute, o wes mer e Heidemüeh gmacht het. U di Froogerei isch wyterggange. Er het es Blöckli fürezoge u umständlech aafo ufschrybe, wän i z Paris troffe heig, mit wäm i verchehri u wi my Bank heissi.

I ha gchochet, Herrschafthingere, isch mir dä Mändu uf d Närve cho u vor auuem han i nid begriffe, für was e Franzos es settigs Gschyss macht. I ha jo use wöuue us däm Land, de hätt er doch müesse froh sy, dass i abfahre

Won er nümm gwüsst het, wie wyter, het er gseit, är mües dr Chef lo cho, i syg e bsungere Fau, i söu do warte. Myner sämtleche Uswyse, u natürlech das verdächtige Scheckheft, het er konfisziert u isch dermit stouz em Zouhüsli zuemarschiert. Mi het er eifach lo stoh, u ne ewigi Lengi bin i so dogschtange, ha nümm gwüsst, was i söu dänke, ob das aus e Witz syg oder wär mer do wöu e Streich spile.

Zwüschem französische u em schwizerische Zou, sozsäge uf nöitralem Bode, steit e Telefonkabine. Dert han i heitelefoniert u gseit, si söu de nid mit em Zvieri warte, u nächhär uf Paris Bscheid ggä, es chönnti de sy, dass so ne blöde Zöuner aalütti u frogi, öb si mi kenni.

Di Verbindig mit myne Lüt het mi beruehiget un i ha es Buech füregno u aafo läse, fasch eso wi «les habitués» z Paris, wo gäng es Buech oder e Zyttig bi sech hei u ab auuem Kolonefahre hurti chly läse. Öppe nachere Stung hets a d Schybe gchlopfet. Öb i dä bsungerig Fau syg, het e Maa wöuue wüsse u derzue glachet.

Mir sy zäme i ds Büro ggange. Dert het er mer das ominöse Scheckheft zrügg gä, wo si nüüt drinn gfunge hei, aus myner Zalige für ds Telefon u ds Elektrische. Nächhär het er es himulängs Protokoll i d Maschine tippet u mer zum Abschid gseit, i söu de di Sach nid eso ärnscht näh u wen i wider uf Frankrych chöom, wüsse si jo de Bscheid.

Dr überyfrig Zöuner isch verschwunde gsi, vilech wartet er no hütt uf sy gross Tag?

Bisch haut e chly es verruckts Huen, han i mer gseit. So ne stuure Zöuner cha doch nid begryffe, wiso e Grosmueter gäng zwüsche Bärn u Paris hin- u härreiset u derzue no bhouptet, das mües eso sy. Wi sött itz dä ygseh, dass i lieber z Paris schrybe u de glych z Bärn wohne?

I bi süüferli gäge ds Schwyzer-Zouhüsli gfahre un es hätt mi nüüt verwungeret, wenn die o no so ne Meis gmacht hätt. Aber dene isch mys hin- u härpändle glych gsi, si hei nüüt wöuue aus dryssg Franke für d Outobahn-Vignette. «Du meine Güte», han i ddänkt, das sy jo hundertzwänzg Francs, eifach es Vermöge! We me viiu z Frankrych isch, chöme eim d Schwyzerpriise no aschtronomischer vor aus si süsch scho sy, u ne

Momänt han i gschtudiert, öb i nid gschyder dr aute Bärnstrooss noo göi u mer di dryssg Franke spari. Aber es het mi a auune Hoore heizoge, es isch mer do im Jura obe nümme wou gsi.

Dr Näbu het d Sunne lengschte gschlückt gha un i bi langsam dürne miuchigi Suppe gfahre. Nütmeh vo schöne Weide u farbige Böim, fertig mit dr grossartige Ussicht ufe Neueburgersee bis wyt übere zu de Alpe. I ha nümm hingere u nümme füre gseh. Es isch gsi, wi we dä stockdick Näbu jedi Verbindig abgschnitte hätt. I ha nümme gwüsst, öb i itz e Schwyzere syg, wo vo Paris chööm, oder e Parisere, wo i d Schwyz wöu.

«Mit dir het me nüüt aus es cheibe Gschtüürm u ne Huufe Chöschte», han i mys Outo aaghässelet u derzue chly feschter uf ds Gas ddrückt.

Das Wägeli het e Gump gno u isch dervogschosse, wi wen es plötzlech föif Gäng hätt.

«Säuber tschuld, säuber tschuld, hesch es eso wöuue ha, säuber tschuld...», het es schön im Takt göörgelet.

Das isch wohr, i bi säuber tschuld, i has eso wöuue ha. Das Hin- u Härwägele isch mer im Bluet. Scho aus chlyses Meitschi bin i aube uf Entdeckigsreise ggange, es het mi gäng wunger gno, win es änenoche usgseij, win es ächt wär, we me chly über d Gränze usgieng?

«Wo hesch du eigetlech dyner Würze», het mi einisch öpper gfrogt. «Würze», han i gseit, «i ha kener Würze, i bi niene rächt deheime. I trage das, wo my Heimat isch, gäng mit mer noche, i bi dert deheime, won i im Momänt grad bi. Vilech han i Luftwürze?»

Dert won i ufgwachse bi, dert wo myner Würze sy gsi, steit itz e gruusigi Hütte, so ne uförmige, seelelose Ränditebou. Mys liebe aute Huus hei si furtgruumt u dermit o myner Würze. I luege jedesmou uf d Syte, wen i dert mues dürefahre, i cha dä Chaschte nid aaluege, ma nid dradänke, was do früecher fürnes heimeligs Huus isch gschtange! Heimelig? würdi teil säge, es auts Huus ohni Komfort isch doch nüüt Heimeligs. Für mi scho. Für mi isches es Paradies gsi, e Ort, wo mer Schutz het ggä, won i mi ha chönne verschlüüfe.

I däm wytlöiffige Huus hets e Huufe Platz gha. I ha jedes Eggeli gchennt, vom Chäuer bis i ds oberschte Gade han i mys Rych usbreitet u i myr Fantasie nume die drinn lo läbe, wo mer lieb sy gsi. U wi mängisch bin i hingeruss am Pöörtli gchnöilet, ha ggärtelet u derby gäng ufpasst, dass si mi vom Huus här nid gseij un i scho wider öppis sött go häufe.

D Böim ringsetum um ds Huus han i auui gchennt. Do isch dr gross Bireboum gsi, wo im Früelig so wunderbar blüejt het, aber so steiherti Bire treit, dass i jedesmou bi enttüüscht gsi, wen ig i eini bbisse ha. Ds Öpfuböimli näbedra isch mer de scho lieber gsi. «Summerchünig» hei si gheisse u si sy scho Ändi Ougschte ryf worde. Ds Pfluumeböimli bim Brunne hei mer söuue i Rueh lo; d Mueter het di feine Reine-Claude gäng ygmacht, u we si Brot bbache het, het es aube e wunderbare Pfluumechueche ggä, es richtigs Hereässe isch das gsi. Bim Stützli äne isch e grossi Linde gschtange, wo ds Uwätter het söuue abha u im Summer so fein gschmöckt het. Chirschi hets nid jedes Johr gha, es isch sech mängisch chuum derwärt gsi, e Leitere aazsteuue. De hei mir Ching uf eigeti Fuuscht gchirschet. Was mir aube i däm Boum umeturnet sy!

Ungerem Huus, näbem Mischt sy drei Tanne gschtange. Dert hets es Ritigampfi gha. Stungelang han i chönne hin- u härschoukle, gäng höcher u höcher uche, bis i mit em Fuess d Escht preicht ha.

Inhalt

Paris	7
Dr gross Schritt	15
Ds eifache Läbe	21
La Place des Vosges	27
Ds rosarote Truckli	32
La vie bohème	36
Di französischi Chuchi	41
Mieschrose	46
Dr Teehafe	52
Ds Gärtli	55
Muetertag	59
Ds französische Nummero	83
Les Halles	92
Ds Gheimnis	101
Ds Tälebach Marie	109
Büroluft	116
Dr nöi Claude Monet	120
Vattertag	131
Le Déjeuner	136
I dr Metro	143
Luftwürze	152

Theresa Schlup wurde 1933 in Schönbühl bei Bern geboren, war nach einer kaufmännischen Ausbildung und verschiedenen Auslandaufenthalten berufstätig, längere Zeit auch als Hausfrau und Mutter dreier Kinder. Im Sommer 1986 begann sie ihr «neues, ereignisreiches und spannendes Leben», in dem das Schreiben einen grossen Raum einnimmt.